聖教ワイド文庫――067

私の履歴書

池田大作

JN168923

序文

「日本経済新聞」から「私の履歴書《りれきしょ》」の執筆《しっぴつ》を依頼されたのは、たしか昭和四十九年（一九七四年）十月のことであった。じつはそれ以前にも、二、三年前から何回か執筆を求められていた。昭和生まれの私は、いまだ人に語るべき人生は、履《ふ》んでいないと思っている。そのたびに私は謙遜《けんそん》でなく固辞《こじ》したのだが、お断《ことわ》りばかりもできなくなって、お受けしたしだいである。

幾年《いくとせ》の秋霜《しゅうそう》をくぐり抜けてきた人の歩《あゆ》みには、有名であれ無名であれ、おのずといぶし銀のような重厚《じゅうこう》な光沢《こうたく》があるものである。そんな人生の達人《たつじん》ともいうべき深い味わいのある多くの年配《ねんぱい》の方《かた》に出会うたびに、私は、——いま、こここにたしかな人がいるという、尊貴《そんき》な姿《すがた》にもまして、今日にいたるまでの、忍《にん》耐強《たいづよ》い、したたかな歩《あゆ》みと、人生のたしかさを感ずるのである。そして日々の哀歓《あいかん》の彼岸《ひがん》に、よし平凡《へいぼん》であろうが、なによりも精《せい》いっぱい、人生を生き抜いた崇高《すうこう》な事実に対して、ふつふつと沸《わ》き上《あ》がる敬愛《けいあい》の念《ねん》を禁《きん》じえないのがつねだ。

四十七歳と、ようやく半世紀に達《たっ》しようとしている若い私にとって、人生はいよいよこれからが正念場《しょうねんば》である。最後の稿《こう》にも書いたように、今後もありのままに、虚栄《きょえい》を張《は》る必要もなく、背伸《せの》びすることもなく、自分らしい履歴書《りれきしょ》を仕上《しあ》げていく以外にない、と決めている。

実際に筆《ふで》をとる段《だん》になって、私は幼少《ようしょう》のころから現在にいたるまで、陰《いん》に陽《よう》にお世話《せわ》になった方々《かたがた》を想《おも》い返《かえ》していた。あの方も、この方も……次々と懐《なつ》かしく想いは巡《めぐ》った。私は回想《かいそう》のなかで、仏法《ぶっぽう》でいう「一切衆生《いっさいしゅじょう》の恩《おん》」というものを、しみじみと実感した。

社会人として生きているからには、当然のことであるが、だれもが多くの人間関係に支《ささ》えられ、ほとんど無数といってよい人びとの恩恵《おんけい》をうけつつ暮《く》らしている。いわば大海《たいかい》の浮力《ふりょく》のようなものであろうか。一艘《そう》の小舟《こぶね》が進むにも、大海のすべてがそれを支えてくれているのである。

現在の東京・大田区に海苔屋《のりや》の伜《せがれ》として生まれ、今日まで人生を全《まっと》うしてこられたのは、多くの市民、つまり衆生《しゅじょう》の恩《おん》にほかならない。私は、私の未来行動への〝発心《ほっしん》の言葉〟として、かぎりない感謝と誓《ちか》いをこめて筆《ふで》を進めた。人の一生には、他者には見えない奥行《おくゆ》きをもった深層《しんそう》の部分があるように思われる。それが少年時代の過《す》ぎし日々でもあったろう。私自身、本格的に自己《じこ》をみがいたのは、仏法《ぶっぽう》の道にはいってからであるが、少年の日の心の燃焼《ねんしょう》は生《しょう》涯《がい》を貫《つらぬ》くものにちがいない。そんな意味で、私という平凡《へいぼん》な人間の輪郭《りんかく》をなした少年の日々を、多少とも克明《こくめい》に書かせていただいた。この部分は、いままでの私の著作《ちょさく》のなかでも、わりとふれていなかった部分である。

早いもので創価学会の会長に就任《しゅうにん》して、この五月三日で満十五年になる。十五年の日々は矢《や》のように過《す》ぎ去《さ》ったようでもあり、半面、非常に長く、苛烈《かれつ》な歳月《さいげつ》のようにも思える。十九歳の夏、恩師・戸田城聖《とだじょうせい》先生に師事《しじ》して以来、人生の半分以上を、私は学会とともに、民衆とともに歩《あゆ》んだ。病弱に悩《なや》まされ、三十歳まで体がもたないのでは、と危惧《きぐ》しつつも、夢中《むちゅう》で今日まできてしまったようである。

創価学会の運動も、私の最終の事業である教育の仕事も、すべてが進展の一《いち》道程《どうてい》にすぎない。これで良いと満足もしていないし、やらねばならないことは、まだまだ多い。ともかく私は、生涯《しょうがい》、私なりに進みゆくのみである。その意味から「私の履歴書《りれきしょ》」は〝未完《みかん》〟である。

昭和五十年　卯月《うづき》四月　桜《さくら》開かんとする日

池田大作

目次

カバーデザイン 小林 正人

主要地域イメージ図

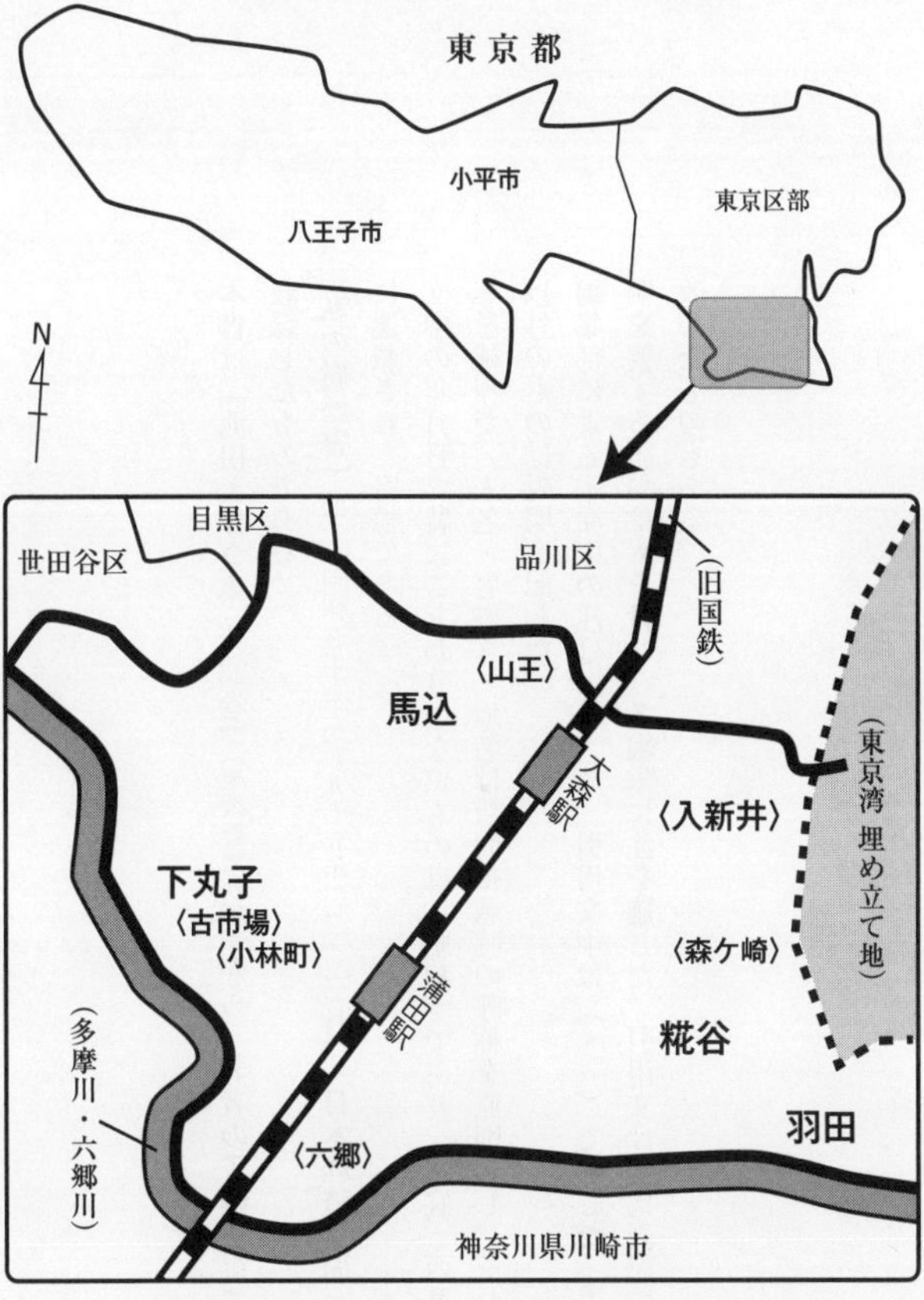

※　太実線内が大田区。破線の旧海岸線から東側が順次埋め立てられた。大田の上半部（北）が大森区、下半部が蒲田区だった。
〈　　〉内は本書で記述された出来事当時の地域名。

一、本書は『池田大作全集 第22巻』（聖教新聞社刊）から、著者の了解を得て収録したものである。

一、「私の履歴書」は、昭和五十年（一九七五年）二、三月、「日本経済新聞」に連載された寄稿である。

一、文中の年月日で特にことわりのないものは「昭和」であり、適宜、西暦等を補った。人名・肩書き・地名は新聞掲載時の呼称を原則とし、それ以外のものは説明を記した。

一、編集部による本文中の注は（　）で、引用文中は（＝　）で示した。説明を要する語句は＊を付し、各編末に注を施した。引用文は現代表記に改めたものもある。

強情《ごうじょう》さま

私の履歴書《りれきしょ》はいたって平凡《へいぼん》である。最近、羽田《はねだ》の東京国際空港の世話《せわ》になることがひんぱんになったが、大森《おおもり》＊1ちかくの高速道路を通るたびに、きまって幼《おさな》いころのことが一瞬に頭に浮《う》かんで消えるのである。なにしろ生まれ故郷《こきょう》のことだ。いまは昔とすっかり変わってしまったが、それでも昔の俤《おもかげ》の痕跡《こんせき》がまったくなくなったわけではない。私はいまの東京・大田区の入新井《いりあらい》に昭和三年（一九二八年）正月二日、海苔屋《のりや》の倅《せがれ》として生まれ、幼時《ようじ》を糀谷《こうじや》で過《す》ごした。

私の幼《おさな》いころは、浜《はま》の潮風《しおかぜ》が野面《のづら》を渡り、その野原のあちこちに、海苔《のり》製造業の家々が散在《さんざい》していた。海岸から沖《おき》へかけて、海苔の竹《たけ》ヒビ（篊《ひび》）が均等《きんとう》な間隔《かんかく》で美しい模様を見せながら遠く広がっていた。四季折々《おりおり》の花が咲《さ》く野原と波が打ち寄せる砂浜は、私たちの格好《かっこう》の遊び場で、赤トンボが姿《すがた》を消す秋の終わりごろには、澄《す》んだ空の下で銀色の薄《すすき》の波がさわさわと揺《ゆ》れていた。そのころ右手にあった羽田飛行場は、のんびりしていて、練習機がときたまプロペラを鳴らしていた。

かつて大森一帯が、浅草海苔《あさくさのり》の製造で全国一の覇《は》を唱《とな》えたことなど、いまは昔話《むかしばなし》になってしまったが、今日のように家が密集し、町工場がひしめき始めたのは、昭和も数年すぎて、日本が第二次大戦への道に傾斜《けいしゃ》したころからのようである。今日の工業地帯が現出《げんしゅつ》する前は、大森海岸の一帯は漁村のたたずまいで、空にはスモッグもなく、海は透明《とうめい》で青かった。

子年《ねどし》生まれの父は、名を子之吉《ねのきち》といい、母は一《いち》で、私はその五男である。妙《みょう》なことだが、生まれてすぐ私は捨《す》て子《ご》にされた。私の生まれた昭和三年に、父は四十一歳で、ちょうど前厄《まえやく》の年に当たっていた。それで厄《やく》よけの迷信的風習《めいしんてきふうしゅう》から、私はとんだ目にあった。もっとも捨てた途端に、拾《ひろ》う人もあらかじめ決めていて、そんな手はずになっていた。

ところが知人が拾《ひろ》う前に、だれかが拾って駐在所《ちゅうざいしょ》に届《とど》けてしまったから、一時は大騒《おおさわ》ぎになった。消えた嬰児《えいじ》に、父母は大あわてにあわてたらしい。この話はよく聞かされたが、迷信《めいしん》はともかくとして、父母の心情には私が丈夫《じょうぶ》に育ってほしいという祈願《きがん》がこめられていたのだろう。

父は一言でいえば、頑固《がんこ》な人であった。十八年前に亡《な》くなったが、生前、近所の人びとから〝強情《ごうじょう》さま〟と呼ばれていた。それで、私たちも「強情さまの子だな」で通ったものである。頑固の裏に、ばか正直《しょうじき》な生一本《きいっぽん》さが貫《つらぬ》かれていて、結局は人の好《よ》い父であった。

この頑固《がんこ》さは、先祖伝来の気質《きしつ》であったらしい。江戸時代の後期、天保《てんぽう》の大《だい》飢饉《ききん》*2の時、打ちつづく天候異変《いへん》から全国的な凶作《きょうさく》となり、農民の餓死《がし》が各地で起こった。この惨状《さんじょう》に、幕府は救助米《きゅうじょまい》を放出した。ところが、村の池田の祖先は「もらう筋合《すじあ》いはない。草を食べてもなんとか生きていける。他の人に回してくれ」と言って、頑《がん》として救助米を受け取らなかったという。この話は、後でいろいろ粉飾《ふんしょく》されているとは思うが、このとき以来、村人たちは〝強情《ごうじょう》さま〟という名を奉《たてまつ》った。父もこの子孫である。

また、六尺《しゃく》のかつぎ棒《ぼう》があったというが、この棒は、何代か前の当主《とうしゅ》が、品川から不入斗《いりやまず》まで、「もし運んだら、米二俵《ひょう》やる」との話を真《ま》に受けて、下駄《げた》ばきのまま五キロの道をウンウンうなりながら帰ったという、そのかつぎ棒である。*3

強情《ごうじょう》の血筋《ちすじ》は、代々みがきがかかったらしい。

この強情《ごうじょう》の父に、母はよく仕《つか》えた。海苔《のり》の仕事は手間暇《てまひま》のおそろしくかかる仕事である。朝早くから海苔採《と》り、日中は海苔干《ぼ》し、それに炊事《すいじ》と育児《いくじ》、最盛期の秋から冬にかけては、昼食など忘れたとのことだ。手はいつもあかぎれができていて、五十過《す》ぎるともう白髪が目立つ母であった。

昭和にはいってからの父や母は、二・二六事件、日中戦争、第二次世界大戦、終戦へとつづく激動期に、いつも戦争の影を背負わされて、思いまかせぬ人生を、精《せい》いっぱい耐《た》えて生きたことは確かである。平凡《へいぼん》ではあったとしても、善《ぜん》良《りょう》な庶民《しょみん》の誇《ほこ》りを、私は愛惜《あいせき》したい。

いまはすっかり年老《としお》いて七十九歳になる母は、病弱だった私を気づかって、会えば「体だけは丈夫《じょうぶ》にね」としか言わない。母はいつまでたっても母である。

＊1　大森、入新井、糀谷、馬込、森ケ崎等が著者の幼少時の主な生活圏。各地域は昭和七年（一九三二年）に東京市の大森区・蒲田区となり、昭和二十二年に合併して東京都大田区となる。
＊2　天保四年（一八三三年）に起こり同七年をピークとする、江戸時代三大飢饉の一つ。
＊3　後の入新井。

江戸っ子

親子三代つづけば、完全な〝江戸《え ど》っ子《こ》〟といわれる。神田《かんだ》生まれの神田育《そだ》ちでなければ、江戸っ子とは認《みと》めない、という強硬論《きょうこうろん》もあるようだが、〝神田〟を〝東京〟全体にまで広げるならば、私も純粋な江戸っ子といえよう。

江戸時代から、大森の海岸で海苔《のり》を採《と》りつづけてきたという漁師《りょうし》の家に生まれたので、私は、土地っ子のご多分にもれず「ヒビ」を訛《なま》って「シビ」と発音してしまう。どうしても「ヒ」が「シ」に変化してしまうのだ。これは、いまでもなかなか直《なお》らない。

ヒビとは、海苔《のり》の養殖《ようしょく》で、胞子《ほうし》を付着させ育てるために海中に立てる竹や木の枝のことである。この竹ヒビなどは、九州や新潟などから船や貨車《かしゃ》で取り寄せていたようだ。毎年、九月も半ばになると、木犀《もくせい》の花が咲《さ》き乱れ、それが合図でもあるかのように、ヒビを海中に立てるヒビタテの作業が盛《さか》んになるのであった。それゆえ、木犀の花は、ヒビタテバナと呼ばれていた。

この花が散《ち》ると、〝アキニシ〟といって、秋には西風がよく吹《ふ》いてくる。この風が海辺の村や町を訪れ、やがて一月、二月、〝ナライ〟と呼ばれる北風が吹く。この厳寒の季節は、海苔採取《のりさいしゅ》という栽培《さいばい》漁業を営《いとな》むわが家にとって、最も忙《いそが》しい。「正月を休むようなら海苔シケ」といって、その年は不作ということを意味したくらいであるから、その忙殺《ぼうさつ》作業のほどがわかるというものだ。

だが、幼《おさな》い日、正月になると、私は、羽田の海岸の砂浜に出て、凧《たこ》あげに夢《む》中《ちゅう》になった。晴れ着をきた少年たちが、手に手に凧の糸を握《にぎ》り、空には、大凧、中凧、小凧、うなり凧などが色とりどりに浮かぶ。凧を風にのせようと心を砕《くだ》き、砂浜を走り、止まり、また駆《か》ける。天高く舞《ま》い上《あ》がって微笑《ほほえ》む凧。しっかりと握った糸をちょいと引っ張ると、凧《たこ》は、首を振ってあいさつをしてくれた。緊張《きんちょう》した糸を絆《きずな》に凧との対話はつづく。やがて夕日は西に落ち、金波《きんぱ》、銀波《ぎんぱ》に輝《かがや》いていた海も、夕暮れのなかに眠《ねむ》り始める。糸を巻くのを惜《お》しみながら、私はわが凧を抱《だ》きかかえ、家路《いえじ》につくのであった。

汗をびっしょりかき、海風を紅潮《こうちょう》した頰《ほお》に感じながら海岸べりを歩くのは快《こころよ》い。「ただいま！」と庭の奥に呼びかけると、作業の手を休めないで「お帰り……」といつも優《やさ》しく迎えてくれる母の笑顔《えがお》は好きだった。

母は快活《かいかつ》で、めったに怒《おこ》ることなどなかった。友だちを連れてきて、庭の海苔《の り》干し場《ほ ば》で暴《あば》れることもあったが、母は私たちの好きなようにさせていた。「お母さんは、優《やさ》しいんだなあ」と友だちが感心してつぶやいていたことを覚えている。

母は、いつも働いていた。休むことがなかった。〝強情《ごうじょう》さま〟と呼ばれる頑《がん》固《こ》一徹《いってつ》な夫に、懸命《けんめい》につかえた。男七人、女一人という八人の子を抱《かか》え、そのうえ親類の子を二人ひきとり、家事だけでたいへんなところに、海苔屋《のりや》という家業である。男と同じように女も働く——これが、海苔屋の主婦の生活であった。翌朝の起床の時間は、海苔を採《と》る量、潮《しお》の干満《かんまん》の具合《ぐあい》で決まった。だいたい、午前二時、三時である。海に出る前に朝食をとらねばならない。そのため、母は、皆《みな》より早く、一時、二時に起きる必要があった。夜、潮が引くときは、ヨバマ（夜浜）といって、石油のカンテラ*1を持って海に出、海苔を採取《さいしゅ》した。こんなときは、午前零時か一時ごろ、帰ってきて夜を徹して海苔つけをしなければならない。

寒風のなか、ベカと呼ばれる一人乗りの〝海苔採《のりと》り小舟《こぶね》〟に乗って、凍《こお》りつくような海水のなかに手を入れて、ヒビに付いた海苔を採るのはつらい。木綿《もめん》の半纏《はんてん》を防寒用に刺し子《さこ》*2にし、裏にフランネルをつけたボウタ*3という上《うわ》っ張《ぱ》りを着ているものの、冬の海の、しかも太陽が昇《のぼ》る前の海の仕事は、まさにあかぎれを作りに行くようなものといえよう。

早朝に採《と》った海苔《のり》は、その日のうちになるべく早く海苔つけをし、干《ほ》し上げないと味と質《しつ》の良いものにならない。普通の人びとが暖《あたた》かいふとんのなかでぐっすりと休んでいるとき、海苔を作る作業は、フル回転でつづけられていくのであった。私はよく「因果《いんが》な仕事」と思った。

私は、少年の日、早朝に起きて、この海苔《のり》製造の作業を手伝ったことがあるので、その寒さとつらさは身にしみてこたえている。母は「〝起きる時間ですよ〟と一言声をかけると〝ハイ!〟と返事をして、すぐ起きた」と私をほめてくれていたが、私は寝起きは良いほうだったのであろう。

＊1　ブリキ等の容器に油を入れ、錦糸等を芯にした携帯用照明器具。
＊2　綿布を重ね合わせて一面に細かく縫ったもの。消防服や柔道着等に用いられることが多い。
＊3　紡毛糸で織った柔らかい毛織物。ネルとも略される。

海《の》苔《り》漁《りょう》

海苔《のり》を採《と》る最盛期は、朝食が午前二時ごろ、昼食が午前十時ごろ、夕食が午後五時ごろで、昼食と夕食のあいだにコジハンと呼んだ間食《かんしょく》をとった。前にもふれたように、母などは「昼ご飯など食べる暇《ひま》がなかった」と言っていた。子どもの私には、母が昼食をいつも抜いていたとは気がつかなかったが、ともかく、忙《いそが》しさでいっぱいであったことは記憶《きおく》している。これは、なにも私の母だけが特別といったものではなく、どこの主婦も同じように働かねばならなかったからだ。だいたい「海苔の採取《さいしゅ》の時期に、海苔漁家《ぎょか》の主婦がゆっくりと昼の食事などを食べていては、決して良質《りょうしつ》の海苔は生まれない」とも言われていたくらいである。

私が物心《ものごころ》つくようになってからは、池田家にとっても、また母にとっても最も逆境《ぎゃっきょう》の時代であったが、それ以前には、付近でも屈指《くっし》の規模《きぼ》で海苔漁《のりりょう》をやっていたと聞く。関東大震災のころを境《さかい》にわが家は、徐々に没落《ぼつらく》していったらしいが、決定的にしたのは父の病気であった。母は古市場《ふるいちば》（後の大田区矢口）のかなり大きな農家の娘で、大正《たいしょう》四年（一九一五年）に父と結婚。大震災が大正十二年であるから、母は家計的には、結婚後しばらくして、坂道をどこまでも転《ころ》がっていくような按配《あんばい》になったわけである。七十九歳になった母は「わたしゃあ、楽しかったよ」と笑っているが、いつも達者《たっしゃ》で貧《まず》しさなどにはくじけなかった強い女性であった。

父は男三人、女五人のきょうだいで、次男坊。父の兄弟は協力して海苔採《のりと》りをやっていた。そして池田本家の跡目《あとめ》は長男の百太郎といった。漁期には、毎年、千葉や山形からシオトリ（男の雇《やと》い人）が二、三十人、ホシッカエシ（女の雇い人）が七、八人手伝いに来ていたという。そのころ、一軒の家にくる手伝いの人々の数は、平均して一、二人ということだったから、きわめて盛大にやっていたことがわかる。「ご飯《はん》のおひつも、車をつけて転《ころ》がしたもんだ。人数が多いんで、そうして飯《めし》を盛《も》らないと間に合わなかった」とも耳にした。母に言わせると、父の兄弟は「新しもの好き」となるが、海苔の採取《さいしゅ》にしても、なんやかやと新しい工夫《くふう》をしていったようだ。

大きな海苔《のり》の乾燥場も、先駆《さきが》けて建《た》てたりした。大正《たいしょう》七年に「高幡丸《たかはたまる》」という機械船の進水式を行《おこな》ったが、この動力船を使うということも、付近では最も早かったそうだ。幅《はば》一丈《じょう》近く（約三メートル）、長さ十間《けん》ぐらい（約十八メートル）のこの動力船に竹ヒビを満載《まんさい》して、東京湾を横断し、対岸の千葉県の五井《ごい》、姉崎《あねがさき》、浦安《うらやす》などの海岸に海苔の移植《いしょく》に行くのである。これらは、養老川《ようろうがわ》や江戸川の河口にあり、良い海苔が採《と》れた。

海苔《のり》の移植《いしょく》が始まったのは六十年ぐらい前ということだが、千葉県側の海岸のほうが、海苔の芽《め》の生育《せいいく》が早いため、房総《ぼうそう》の浜辺のタネバ（種場）にヒビを立てるようになったわけである。ヒビに海苔の胞子《ほうし》が付くと、不入斗《いりやまず》の海岸に持ち帰って育てた。このように、いわば、海苔を一時〝里《さと》っ子〟に出すような方法をとると、約一カ月も早く海苔が採《と》れ、漁期も長くなり、しかも〝早海苔〟の出荷は高い値段でさばけたため、移植《いしょく》は好評を呼んだようだ。海苔は、海の水と川の水が適度に混じりあい、潮《しお》の流れが強いところによく育つ。東京湾でいわゆる浅草《あさくさ》海苔が、本格的に採取《さいしゅ》されるようになったのは約三百年ほど前ということであるが、それも、東京湾に多摩川《たまがわ》、隅田川《すみだがわ》、荒川《あらかわ》、中川、江戸川などが流れ込み、海苔の発育に適《てき》した状態が生まれたのがゆえんという。

池田の家の海苔《のり》業は繁盛《はんじょう》し、東京湾で大規模《だいきぼ》に魚をとる分野にも手を伸ばしていった。広島から何十人と漁師《りょうし》を採用し、二隻《せき》の動力船で網《あみ》を引っ張り、大量に魚を捕獲《ほかく》する漁法を工夫《くふう》していたとのこと。さらに、明治《めいじ》の祖父の代から始まっていた北海道の釧路《くしろ》付近の開拓《かいたく》事業も大規模にやっていた。私の父も、北海道には、よく行《い》っていた。

しかし、このようなかなり大規模《だいきぼ》な事業も、関東大震災を機に、決定的な打《だ》撃《げき》をこうむり、また、魚をとるほうもうまくいかず、困難な事態になっていった。『東京府大正《たいしょう》震災誌』（東京府編、大正十四年刊）によれば「海岸及《および》海底は約二尺（＝約六十センチ）沈下《ちんか》し準備中の篊《ひび》にては短《みじ》かく篊建頗《ひびたてすこぶ》る困難を感じつゝあり」「悪潮の為《た》め沿岸魚貝概《おおむ》ね斃死《へいし》したり」と、不入斗《いりやまず》、羽田、糀谷《こうじや》、大森などの海岸地帯がほとんど崩壊《ほうかい》し、海苔《のり》漁業者にも甚大《じんだい》な被害《ひがい》を与えたことがわかる。大規模にやっていればいるほど、その被害状況も、立ち上がり不可能なほどになっていったにちがいない。

庭ざくろ

近ごろは、ざくろは食用としてより園芸用として庭木などに使われるようになった。だが、私は、あのはじけた実を割り、中身《なかみ》を口にほおばって種子をよりわけながら味わった、あのほのかな甘ずっぱさが好きである。

二歳になって間もなく入新井《いりあらい》から糀谷《こうじや》三丁目に移転した。広々とした屋敷内に、そのざくろの木が一本あった。幹《みき》には、こぶがあって、なめらかな葉を茂《しげ》らせる。梅雨《つゆ》のころにだいだい色をおびた赤い花を咲《さ》かせると、光沢《こうたく》ある緑のなかで美しかった。黄赤色に熟《じゅく》して厚い果皮《かひ》が割れるのが楽しみで、秋になるとよく木に登って、もいだ。透明《とうめい》な淡《あわ》い紅色の種子が懐《なつ》かしい。

尋常《じんじょう》小学校へ入学する前であった。私は突然、高熱を出し寝こんだ。肺炎《はいえん》であった。熱にうなされたことと、医者がきて注射を打ってもらったことを、鮮《せん》明《めい》に覚えている。ようやく小康《しょうこう》を取り戻したころ、母は言ったものである。「あの庭のざくろをごらん。潮風と砂地には弱いというのに花を咲《さ》かせ、毎年、実をつける。おまえもいまは弱くとも、きっと丈夫《じょうぶ》になるんだよ」。当時の家は海のすぐ近くで、歩いても十分とかからなかった。ざくろはそんな砂地にしっかり根《ね》を張《は》っていた。

人は人生のなかのいくつかの出来事を、仔細《しさい》にそのときの色調《しきちょう》までをも、まるで絵のように覚えているものである。そんな光景には概《がい》して自分の生き方なり、来《こ》し方《かた》なりが密接にかかわっているものである。若年の大半を病弱に悩《なや》まされつづけた私は、このときのことを忘れられない。

青少年時代の私の脳裏《のうり》から、人間の生死の問題がいつも去ることがなかったのは、やはり一貫《いっかん》して健康にすぐれなかったことと関係しているようだ。寝汗《ねあせ》をびっしょりかいて、うなされながら〝人間は死んだらどうなるんだろう〟など、いま思えばたわいないが、少年らしい青くささで考えたのは、小学生のころであった。

昭和九年（一九三四年）に羽田の第二尋常《じんじょう》小学校へ入学した。一年生の国語の冒頭《ぼうとう》の句《く》は「サイタ　サイタ　サクラガ　サイタ」であった。この章句《しょうく》は懐《なつ》かしい。糀谷《こうじや》三丁目の屋敷は広く、カエデやケヤキなどとともに、一本の桜の木があった。こうした少年の日の桜への憧憬《しょうけい》が、後年、各地に桜を大規模《だいきぼ》に植樹《しょくじゅ》したことへとつながっていったことは確かである。

入学したころ、私はご多分にもれず腕白《わんぱく》であった。背は低く、クラスでも前から数えたほうが早かったけれど、遊ぶときは負けていなかった。成績は中位であり、いたって平凡《へいぼん》な少年であった。特徴《とくちょう》らしいものはなにもなかった。

このころまでさしたる不自由もない少年時代を送ってきたのであったが、二年生の時に父がリウマチで病床《びょうしょう》に臥《ふ》し、寝たきりとなった。海苔《のり》製造業で一番の男手を失《うしな》うことは致命的《ちめいてき》である。縮小せざるをえなくなり、使用していた人もやめていった。

援助《えんじょ》を頑《がん》として拒《こば》む父と、育《そだ》ち盛《ざか》りの多くの子どものあいだで、母の苦労は並《なみ》たいていではなかったと思う。「他人に迷惑をかけると、お前たちが大きくなってから頭があがらなくなるぞ。塩をなめても援助を受けるな！」と強情《ごうじょう》な父は口ぐせのように言った。理屈《りくつ》はそうでも、生活は窮《きゅう》しに窮した。母は努《つと》めて明るく「うちは貧乏《びんぼう》の横綱《よこづな》だ」と言っていた。

学校に通《かよ》う駒下駄《こまげた》の鼻緒《はなお》を買えずに、母がいつも編《あ》んでくれた。叔母《おば》が来て父のためのタバコを二、三箱、そっと置いていってくれたらしい。長兄《ちょうけい》の喜一《きいち》はせっかくはいった中学校*2をやめ、リヤカーを引いて野菜をいまの武蔵小杉《むさしこすぎ》に仕入れに行き、売って歩いた。私もたまに日曜などには、リヤカーの後押しをして手伝ったものである。坂道を押すときのたいへんだったことを思い出す。

そんな折、見舞《みま》いに来た親類の人が、百円札を父に内緒《ないしょ》に、といって病床《びょうしょう》の枕《まくら》もとに置いていったという。死ぬまで父はそのことを知らなかったようだ。後年、義理堅《ぎりがた》い母はその人のことを私に初めて聞かせた。会長になってから二年後であった。私は即刻、時間を見つけてお礼《れい》を申《もう》し述《の》べに、その人の家へうかがった。申し訳なかったが、約三十年たってからの感謝の辞《じ》となったしだいである。

＊1　旧制の小学校、義務教育。昭和初期の修業年限は六年で、昭和十六年（一九四一年）まで存続した制度。

＊2　旧制中学校のこと。尋常小学校卒業程度の男子に対して中等教育を行った。昭和初期の修業年限は五年。

短い春

小学校は田んぼの真ん中にあった。霜《しも》が降り、やがて田が凍《こお》りつくと、道を通らずに田を横切って一直線で学校へ行けた。竹は海苔《のり》ヒビ用にたくさんあったので、それを適当な長さに切って、鼻緒《はなお》をつけてよくスケート遊びに興《きょう》じたものである。

三年、四年の時の担任は師範《しはん》学校を出てまもない、若い張《は》りきったT先生であった。通学する方向別に生徒たちのグループが自然にできていたが、先生はそのグループの系列《けいれつ》といったものをよく知っており、悪《わる》さをするとグループ全員を公平に叱《しか》った。

当番が決められていて、放課後に教室の掃除《そうじ》をする。終わると先生が見回りにこられ、点検を終えたら帰れるのであった。見回りのあいだは、皆《みな》、神妙《しんみょう》にしていたものである。たまに先生の仕事が忙《いそが》しく、あとで点検しておくから帰っていいと言われると、皆喜んだ。でも先生は子どもの心理をよくとらえられており、一目散《いちもくさん》に帰っていこうとする生徒に「そのかわりきちんと後始末《あとしまつ》をしておくように」とクギをさすのを忘れない。ばか正直《しょうじき》な私は教室に帰って雑巾《ぞうきん》をすすいだ。そんなとき、先生が点検にこられることもあった。先生がすすぐのを手伝ってくれる。二人だけの教室で私は教師の体温をじかに感じつつ、すべてにけじめをつけることを、無言のうちに教わった。

二年間ほど病床《びょうしょう》にあった父が、私が四年生の時、ようやく回復へと向かった。一家そろって健在で正月を迎《むか》えた喜び。子ども心にも、久しぶりの春の訪れを知ったものである。父が病床から離れ健康を取り戻しつつあることだけで、暗かった家の空気は一変して、うれしい正月だった。私はいつも多くの人びとの苦悩《くのう》や喜びと接しているが、病気の家族をもつ人のつらさはよく理解することができる。

しかし……春はうたかたであった。長兄《ちょうけい》・喜一《きいち》が昭和十二年（一九三七年）に出征《しゅっせい》した。後年、ビルマ（ミャンマー）で戦死した兄である。軍靴《ぐんか》の音は確実にしのびよってきた。小学校でも時代を反映して少年団が結成され、カシの棒《ぼう》を持って行進したりして軍国主義教育に力《ちから》がはいっていった。天皇の臣民《しんみん》であることが徹底して植えつけられていったのは、周知《しゅうち》のとおりである。

私にとって長兄《ちょうけい》の思い出は鮮明《せんめい》である。それは故人《こじん》ゆえでもあろうが、くったくのない明るさに魅《ひ》かれた。家運が傾《かたむ》き中学を中退《ちゅうたい》せざるをえなくなったのだが、表情は暗くなかった。

冬の夜、暖房も思うようにとれず、ふとんの中でちぢこまっている弟たちのところへ来て、長兄《ちょうけい》は「さあ！　いくぞ」と言っては、ふとんの上にのって押《お》さえこんだり、転《ころ》がしたりして、体を自然のうちに暖《あたた》かくしてくれた。ハーモニカを吹《ふ》くのが上手《じょうず》で、にぎやかで明るい音色《ねいろ》に心をはずませもした。

父に似て強情《ごうじょう》なところもあり、私たちが夢中《むちゅう》で遊び回ったあと家に帰ると、かならず土間《どま》の上がり口で、兄に足裏の検査をされた。一人ずつ足の裏を見せ、汚《よご》れていると「洗ってこい」と言う。庭に出て足をごしごし洗い、もう一度見せる。すると上がってよいとの〝許可〟が出るのである。

父はとにかく清潔《せいけつ》を重んじた。障子《しょうじ》の桟《さん》を人差し指の腹でさっとなで、ほこりがつくと掃除《そうじ》が行き届いていないと叱《しか》った。ガラスは年中ピカピカに磨《みが》きあげておく。いまのような洗剤などはなかったころである。近所の豆腐屋《とうふや》からおからを毎日届けてもらい、それで磨く。「豆腐屋とどっちが勝つか」と冗談《じょうだん》を言いながら、これを三年間つづけた。どうやら父の強情《ごうじょう》さが勝ったらしい。そんなわけで私も清潔でないと落ち着かない。

ともかく長兄《ちょうけい》は出征《しゅっせい》した。時代は戦争へと動いていた。兄という働き手を失《うしな》い、生活はますます窮《きゅう》していくことになる。五年生の時、わが家は広々とした屋敷を人手に渡し、糀谷《こうじや》二丁目へ移転した。引っ越した家は壁《かべ》がまだ乾《かわ》いておらず、家具を入れることができなかった。やがて次々と兄たちが兵隊にとられていき、春は遠のく一方となった。

寒風の中を

転居《てんきょ》してうれしかったのは、学区が同じで小学校をかわる必要がなかったことであった。だが生活は困窮《こんきゅう》する一方で、私はすぐ上の兄とともに新聞配達をした。たしか小学校六年の時から、高等小学校*1の二年間、計三年間配達した。月給は六円だったと記憶《きおく》している。

寒風の朝、手に吐《は》く息《いき》が白い。肩にずしりと食いこむ新聞の感触《かんしょく》。家が密集してなかったので配達の区域は広い。音をたてて新聞を折《お》り、一軒一軒に投げ込む。夕刊も配達した。冬の日の暮《く》れるのは早い。友がこたつで憩《いこ》う時間である。汗《あせ》ばんだ肌《はだ》がひんやりとするほど、外は寒かった。配達を終えるとなにか今日もやったぞ、と爽快《そうかい》な気分になった。私はどちらかというと感傷《かんしょう》には負けたくなかった。何事も目の前にあることを乗り越えることからスタートする。この経験はかならず生きるときがくると思いながら、街《まち》を走った。それから三十数年たっても、毎朝わが家に届けられる新聞に配達員の方《かた》の苦労がしのばれる。

いつのころからであろう。私は漠然《ばくぜん》とではあったが、将来は新聞記者か雑誌記者になりたいと思うようになった。尋常《じんじょう》小学校、高等小学校、戦後の夜学生時代、私にはじっくり落ち着いて勉強できる環境《かんきょう》は、ついぞなかった。そのかわり本は読むように努力した。人に負けないほど読んだと思っている。文筆《ぶんぴつ》をこころざしたのも、読書が大きくあずかっていよう。

また新聞配達をしたことも、将来の希望へとつながっていったように思う。自分が抱《かか》えて走るこの新聞から、人びとは世界、社会の動きを知っていくのだ——という少年らしい感情が生まれたことは事実である。私が配達していたころは、いま思えば日本中が異常なまでに、戦争の動向に関心を払《はら》わされた時代である。中国大陸での動きなどを伝えた新聞を、いまかいまかと待っている家庭が多かったにちがいない。

家計に余裕《よゆう》はなかったが、六年生の時、修学旅行に行けた。いまになれば母がそのために家計をやりくりしたことがわかるのだが、とにかく旅のうれしさのほうが大きくて、胸は躍《おど》った。伊勢《いせ》、奈良、京都など関西方面を四泊《ぱく》五日で旅行、行き帰りが車中泊《しゃちゅうはく》である。とくに京都は明治維新《めいじいしん》の舞台《ぶたい》であっただけに興味をもったが、楽しく騒《さわ》いだことのほうが思い出として残っている。

友だちとワイワイ言いながら、私は母が用意してくれた小遣《こづか》いを一泊《ぱく》目におごってしまい全部使い果たしてしまった。菓子を買っては気前《きまえ》よく皆《みな》に分けてばかりいた。ところが、おみやげを買うときになって困った。

担当は三年、四年の時の先生とかわっていたが、そのH先生もいい方《かた》だった。私にこう諭《さと》すのであった。「池田君、みんなにあげてばかりいないで、家にもおみやげを買っていくんだよ。お兄さんは兵隊に行っているんだろう。せめてお父さん、お母さんにおみやげを買っていくんですよ」――。

私がほとんど使い果たしたことを知って先生は、私をそっと物陰《ものかげ》に呼んでお小遣《こづか》いをくれた。二円であった。私はお礼《れい》を言うよりも、ほっとした気分になって、あれこれおみやげを物色《ぶっしょく》したものである。家に帰って父母におみやげを得意《とくい》げに渡した。そのときに事のてんまつを話したところ、母は「先生のことは忘れてはいけませんよ」と言った。私はその後もH先生と文通をつづけている。

教育とは教室で習ったすべてを忘れ去ったあとにも、なおかつ心に残るなにものかであろう。六年生の担任の先生から、私は尊《とうと》いものを教えていただいた。師《し》の恩《おん》ということが、なにか古くさい、封建的《ほうけんてき》な考えのように思われがちな現在だが、教育に温《あたた》かいぬくもりが失《うしな》われがちな現代だけに、私は幸せであった。

そのころ、長兄《ちょうけい》も次兄《じけい》も出征《しゅっせい》していた。次々と兵隊にとられて、母は寂《さび》しそうであった。中国大陸への不当な侵略《しんりゃく》戦争は拡大し、ノモンハン事件が起きて[*2]いた。ナチス・ドイツ軍がポーランドに侵入《しんにゅう》し、第二次大戦が勃発《ぼっぱつ》したのは昭和十四年（一九三九年）である。わが家へも軍靴《ぐんか》は土足《どそく》のまま踏《ふ》みこんできた。母は働き手を次々に失《うしな》って、困窮《こんきゅう》する家計のやりくりで苦労した。近くの海でとれる小魚が食卓にいつものぼった。「骨まで食べるんですよ」これが母の口ぐせであった。病弱の私になにか栄養をと思っても、それもできず、こう言うのが母の精《せい》いっぱいの愛情だったのであろう。

＊1　尋常小学校を卒業した者に対し、中等教育を行った。昭和初期の修業年限は二年で、中学校（旧制）より短期。義務教育ではない。「高小」と略すことも。著者の在学中、昭和十六年（一九四一年）四月に高等小学校は国民学校高等科に変更された。

＊2　昭和十四年（一九三九年）、日本の傀儡国家であった「満州国」とモンゴルの国境付近ノモンハンで起きた、日本軍とソ連軍の戦闘。五月の満蒙両国警備隊の衝突をきっかけに、九月まで続き、日本軍は大敗した。

軍靴の音

銃後《じゅうご》の守りとか軍国の母とか、いかに体《てい》よく讃美《さんび》されようとも、戦争の最大の犠牲者《ぎせいしゃ》は女性であろう。夫を、子どもを戦場へ送る悲しみを、出征《しゅっせい》のさいの万歳《ばんざい》の叫《さけ》びで打ち消すことは、とてもできない。

尋常《じんじょう》小学校を卒業したのは昭和十五年（一九四〇年）である。中学校へ進学したかったのはもちろんである。だが家の状況からは、それを考えることだにできなかった。私は高等小学校へ進んだ。二年生の時、昭和十六年十二月八日、真珠湾《しんじゅわん》攻撃があった。臨時《りんじ》ニュースが国中に流れた。異様《いよう》な興奮《こうふん》はそれを報《ほう》じた新聞を配達しながらも、手にとるようにわかった。

そのころ、長兄《ちょうけい》の喜一《きいち》は、四年ぶりに一時、除隊《じょたい》になって家に帰っていた。十六年七月から十七年十二月まで家にいたのである。戦線の拡大とともに長兄はふたたび戦場へ赴《おもむ》いた。次兄《じけい》も、三番目の兄も。やがては四番目の兄の出征《しゅっせい》も時間の問題であった。

私が当時、戦争に負ければよいと思っていたといえばウソになる。ただ戦争が早く終わってほしいと思っていた。もちろん愛国心はあった。それはもう徹底して植えつけられたのである。すべての価値観が天皇にあり、国家にあった。教育の恐ろしさは、幼時《ようじ》の純白な心のキャンバスに、自在に色を塗《ぬ》っていけることだ。それはいまになってわかることである。

高小[*1]を出たら少年航空兵になろう、私はそう思っていた。勇《いさ》んで兵士に憧《あこが》れて志願《しがん》していく友だちに刺激《しげき》されたことは言うまでもない。次々と息子を兵隊にとられた母の寂《さび》しさはわかっていたが、私は志願した。軍国主義下の必然の心の軌跡《きせき》だったのであろう。

戦後、私は同時代の仲間と同じように、いっさいが信じられなくなった。皇《こう》民化《みんか》教育をうけ、そこに青春の燃焼《ねんしょう》を見いだしていた者にとって、ポッカリ空《あ》いた心の空洞《くうどう》に、衝撃《しょうげき》の嵐が吹《ふ》きすさぶ思いを禁じえなかった。振り返ってみたら、自分たちの歩《あゆ》んだ道が、自分のそのすぐ後で音をたてて瓦解《がかい》し、道は完全に失《うしな》われていたのであった。青春の破局《はきょく》を前にして、自分の来《こ》し方《かた》を苦痛のうちに顧《かえり》みても、なにも残っていないのであった。

ただ私には無残《むざん》な原体験のみが残ったのである。戦争とともに家はめちゃめちゃになり、長兄《ちょうけい》は死んだ。父も母も最大の犠牲者《ぎせいしゃ》の一人である。

私が少年航空兵に志願《しがん》したとき、父と母は猛然と反対した。もうたくさんだ、という時勢を超えた本当の叫《さけ》びだったのであろう。

志願書《しがんしょ》をもとに海軍の係員が、家に尋《たず》ねてきたという。私は留守にしており、その場にはいなかったが、すぐ上の兄が一部始終を目にしている。父は係員に言った。「私は絶対に反対だ」と。

「うちは上の三人とも兵隊に行っているんだ。まもなく四番目も行く。そのうえ五番目までもっていく気か。もうたくさんだ！」。係員は「わかりました。当然でしょう」と静かに言って帰っていったという。強情《ごうじょう》な父の気迫に押されたというより、その人も心でわかってくれたのであろう。

父は私も叱《しか》りつけた。どんなことがあっても行かせない、と言いつづけた。父からあれほどの勢いで言われたのは、あとにも先にもこのときだけである。もし志願《しがん》し、通っていたならば、そして戦争が長引いていたならば……いまになれば父に感謝しているが、私は不満であった。

眠《ねむ》れない床《とこ》で私はなぜか長兄《ちょうけい》の言葉を思い出していた。長兄がふたたび戦場へ赴《おもむ》くとき、私はこう言われた。「うちに残って両親の面倒《めんどう》をみてあげられそうなのは、どうやらお前だけだ。両親を頼んだぞ」と。耳元でその言葉が反復されて聞こえてくる。事実、私が兵隊へ行ったら、父母がどうなるかは明らかだった。私は断念した。

まもなく――すぐ上の兄が出征《しゅっせい》した。「体だけは大事にね。生きて帰ってほしい」。「若鷲《わかわし》の歌」をうたいつつ、私は兄を見送った。それから終戦後しばらくのあいだ、一家は私だけが頼りだった。長兄《ちょうけい》の夢を見た、とうれしそうに話したあと、ふと悲しげな顔を見せた母の表情が、私には忘れられない。

＊1　高等小学校のこと。

汗と油

昭和十七年（一九四二年）四月、私は家が近いということもあり、また、三番目の兄が勤《つと》めていた関係から蒲田《かまた》の新潟鉄工所へ入社した。その前年の十二月八日、日本軍はハワイ真珠湾《しんじゅわん》を奇襲《きしゅう》し、太平洋戦争が始まっていた。その年の暮れの二十五日は香港占領《ホンコンせんりょう》、明けて一月はマニラ、つづいて二月はシンガポールを攻略し、連戦連勝。まさに破竹《はちく》の勢いで戦線は拡大されていく。戦局の転機となったといわれるミッドウェー海戦は、私が入社してから二カ月後であったので、世は戦勝気分が横溢《おういつ》していた。

新潟鉄工もまもなく海軍省の艦政《かんせい》本部から技術将校が派遣《はけん》され、軍需《ぐんじゅ》工場として、艦船部門の一翼《いちよく》を担《にな》い、フル回転をしていった。軍国調の時代の波は、各工場や会社を洗い、社内には青年学校が設《もう》けられ、入社した者は、そこで軍隊的な教育・訓練を受けねばならない。修了年限は五年間。ただし、私の場合は卒業を待つまでもなく、敗戦となり、工場の閉鎖《へいさ》とともに自動的に青年学校も消滅したのであったが……。

私たち新入社員は、A・B・Cの三クラスに編入され、一クラス五、六十人で授業を受けた。私はBクラスであったように思う。授業時間は、午前中の場合もあったし、午後に行われたときもある。ともかく一日のうち、半日は各学科の勉強、残り半日は工場実習であった。半年あまりは、見習い期間で基本的な機械操作を教え込まれた。

時代を反映してか、青年学校では、指導教官や先輩から下級生に対する往復ビンタなどもかなり激しくとんでいた。のどかな学校生活というような雰囲気《ふんいき》はまったくない。ある日、一人の指導員がネジの切り方に関連して、方程式を黒板に書いて説明していた。ちょっと、その解析《かいせき》について十分に理解できない点があったので、私は手をあげて問いを発した。

ところがその人は、突然、怒《おこ》り出した。「そんなことはわからんでいい！　生《なま》意気《いき》なことを聞くな！」とどなる。私は驚いた。北海道や東北など地方からの出身者も多く、その同期の友人たちは、授業中にあまり質問などしなかったので、一人質問をする小柄な青年がことさら目立って癇《かん》にさわったのであろう。時代は、軍人精神はなやかなりしころで「問答無用《もんどうむよう》、オイ、コラ、黙れ！」と、人びとの心は荒れていたにちがいない。

私は、朝は、定刻の一時間ぐらい前には出社して、机や椅子《いす》を掃除《そうじ》することにしていた。別に、だれから言われたことでもないのであるが、社会人としての第一歩を踏《ふ》み出《だ》したということで、大いに張《は》りきっていたからなのだろう。指導員の助手をしている先輩が「そんなに毎日、一人で掃除をやらなくてもいいよ」と言ってくれたとき、親譲《おやゆず》りの清潔好《せいけつず》きな私は答えた。「でも、こうしてきれいにしておけば、皆、少しでも気持ちよく授業を受けられ、仕事ができると思いますから……」と。これは、その当時のごく率直《そっちょく》ないつわらざる感情であった。

青年学校の校服は、ちょうど南京袋《なんきんぶくろ》のような感じの粗《あら》い麻服であった。その作業衣を着ながら、鉄塊《てっかい》や図面に挑《いど》んだ。タガネ*1を左手に持ち、大きなハンマーで力《ちから》いっぱい打ち込むのであるが、棒《ぼう》のような細いタガネにハンマーが命中するかどうか自信がないので、ついタガネの位置とハンマーの行く手を見てしまう。しかし、そのような姿勢《しせい》をとると力がはいらないから、との注意を受ける。手元など見ないで腰から力を入れ、肩の後ろから全力でハンマーを振りおろせ、と。初めのうちは、やはり、左手の人差し指に、タガネの頭を打ちそこねたハンマーがもろに当たり、骨が砕《くだ》けるような激痛を覚えた。毎日、血豆《ちまめ》ができ、指は真っ赤にはれあがり、ずいぶんと痛い思いをした。不器用な私には、先輩、同僚の見事な技術が、うらやましくてならなかった。

六尺《しゃく》のタレット旋盤《せんばん》でネジを切る。油が飛ぶ。普通旋盤で鉄棒を切断し、ミーリングを使って穴をあけ、フライス盤を操作して次々と切削《せっさく》作業を行《おこな》う。モーターの音が工場内に響《ひび》く。熱をもって赤く焼けた鉄粉《てっぷん》が飛《と》び散《ち》り、やけどの危険がつきまとう。油にまみれ、汗を流し、神経を鋭《するど》く張《は》りつめながら、私は、精《せい》いっぱいに働きつづけた。

いま思うとき、当時、身につけた機械工作の基礎的技術が、どういうわけか現在でも人生を語るときになにかと役に立って感謝している。

＊1　鋼鉄製のノミ。金属加工で、不要部分を切り取る、穴をあける等の用途で使用。

血《けっ》　痰《たん》

実習工場は第三工場と呼ばれていた。私は、そこで働いていた。入社時は、二、三千人ぐらいの人びとが勤《つと》めていたようだが、戦局の展開と、激化《げきか》につれて、人数はぐんぐんと増えていく。町の標語も昭和十八年（一九四三年）の「頑張れ！　敵も必死だ」から、翌十九年は「進め一億火《ひ》の玉《たま》だ」と戦争一色へ。二十年ごろには、一万人近くはいたのではなかろうか。学生が勤労《きんろう》動員され、女子挺身隊員《じょしていしんたいいん》＊1も働くようになり、商店の人びとも徴用《ちょうよう》され、戦地に行かない水兵まで続々と働きにはいってきた。

海軍省の指示下にあるこの軍需工場から生産されていくものも、海防艦《かいぼうかん》、水《すい》雷艇《らいてい》、駆潜艇《くせんてい》などの大型・中型船舶《せんぱく》の内燃機関や種々の部品から、しだいに小型の特殊潜航艇《せんこうてい》へと変わっていった。いわゆる人間魚雷《ぎょらい》である。空からは「一機一艦」とのスローガンで特攻機作戦がとられ、海からは、特殊潜航艇が建造され、敵艦を求めて孤独《こどく》に進んでいった。「自分の一個の生命を賭《と》して、敵艦一隻《せき》を沈《しず》めるために体当たりを！」——青年たちは、このような思想を吹き込まれ、死地に赴《おもむ》いていった。

もちろん、私たち工場で働いている人間には、ただ「これは海軍に必要な兵器」としか説明されなかった。しかし、完成図を見たり、貨車《かしゃ》に積まれていく完成品を目撃すれば、自分たちがなにを作っているのかわかる。毎朝五分ないし十分ほどの朝礼があり、全工場へ海軍から派遣されてきている技術将校の訓《くん》示《じ》がスピーカーから流れてくる。「諸君はお国のために働いている。真心こめて作るように……」と。

天皇の写真が飾《かざ》ってある前で直立不動の姿勢《しせい》をとり、深々と礼《れい》をし、教育勅《ちょく》語《ご》を一人で大きな声で暗誦《あんしょう》している青年の姿《すがた》がしばしば見受けられた。失敗したり、たるんでいると、先輩や教官から気合《きあい》を入れられて、そのようにさせられたのである。

青年学校での軍事教練《きょうれん》もいよいよ強化されていった。十九年の夏の日であったと記憶《きおく》するが、いつものように、蒲田《かまた》駅の近くの工場から、木銃《もくじゅう》*2を持って多摩川の土手へ向かって行進していた。二百人ぐらいであったろうか、真夏の太陽が照りつける猛烈《もうれつ》に暑い日であった。

私は先頭集団の一員として歩調をとって行進していた。午後二時ごろであったろうか、六郷橋《ろくごうばし》の手前の航空機の付属品メーターを作っている工場の近くまできたときである。私は、急に気分が悪くなって倒れかけてしまった。皆《みな》が「どうした！ どうした！」と駆《か》け寄《よ》ってきて支《ささ》えてくれた。なんとか六時過《す》ぎまでの教練《きょうれん》をもちこたえた。

が、血痰《けったん》を吐《は》いた。口をあわてて押さえて、紙でふきとった。そのころ、私は結核《けっかく》が相当進行し、体は日々衰弱《すいじゃく》し、さらに疲労が積み重なる、という悪循環を繰り返していたのである。三十九度の熱を押して、出勤したこともあった。リンパ腺《せん》ははれ、頬《ほお》はこけはじめた。

医師に悠々《ゆうゆう》とかかれる身分でもなく、また世の中の雰囲気《ふんいき》はそんなことを許すような状況にはなかった。『健康相談』という雑誌を唯一の頼りにして、自分の体は、自分の力《ちから》で調整しなければならない。実際、私の結核の病状は悪化し、血痰《けったん》と寝汗《ねあせ》と咳《せき》の連続であった。二十年にはいったころは医師のすすめで鹿島の結核療養所へ行かなくてはならないだろう、というところまでいっていた。これは、幸か不幸か、結局は二十年四月十五日の蒲田《かまた》の大空襲《だいくうしゅう》のあおりで実行には移されなかったのだが……。

敗戦が近づいているというような空気が、人びとに感じられるようになった二十年の春ごろであったろうか。私たちは蒲田《かまた》の工場から歩いて二、三十分の酒井分工場へ出向《でむ》いた。二、三十人だったろう。多摩川大橋を渡る手前をちょっと入ったところである。

ところが、この分工場も四月の空襲《くうしゅう》で焼けてしまった。その後始末《あとしまつ》を二、三カ月かけてやり、再び蒲田《かまた》の工場へ戻ってきた。高速機関を作る工場で、私たちは「HM工場」と呼んでいた。

＊1　昭和十九年（一九四四年）、日本政府は戦争完遂のため、満十二歳以上四十歳未満の未婚女性を強制的に工場勤務・農作業に従事させた。

＊2　木を銃の形にしたもの。軍事練習のために用いた。

散る桜

人びとの心はすさみ、物資は窮乏《きゅうぼう》していった。私は、現場から事務係のほうに回されていた。先輩が私の健康を心配してのはからいと思う。そんな戦時下の軍需工場にあって、私の一つの楽しみは、昼休みに工場の芝生《しばふ》の中庭で、読書にふけることであった。本を読むことは好きだった。休みの日など、読書する静寂《せいじゃく》な場所を求めて、近くの墓地《ぼち》へ行って、終日、本を読んでいることもあった。ここは、めったに人がこないから、だれにも邪魔《じゃま》されることなく、集中して本のなかを歩くことができた。

近ごろは、年のせいか、物覚《ものおぼ》えも悪くなり若い時のようにはいかないが、その〝墓場《はかば》の時代〟は、おもしろいほど、なんでも頭の中に吸いこんでいった。詩などはとくに好きであったが、気に入った箇所《かしょ》は何ページもまるまる暗記して、道を歩きながら口ずさむ。書物は、多感な青春時代を、戦争という特殊状況で過《す》ごす私にとって、なににもまして自分を慰《なぐさ》め勇気づけてくれる〝友人〟であった。

昭和十九年（一九四四年）三月には、中学生の勤労《きんろう》動員大綱が決定され、同八月には学徒勤労令、女子挺身《ていしん》勤労令が発令され、戦争は激化《げきか》していった。私の工場にも、近くの荏原《えばら》中学から学生たちが学徒動員で働きにくるようになった。その中学生たちと年齢的に同じということもあって親しくなり、週二回から三回、気の合った五、六人の友と休み時間、ほんの十分か二十分程度ではあったが、文学の話をするのが楽しかった。

そのなかの一人が図面を保管する静かな部屋の担当をしていたのを幸《さいわ》いに、私たちの即席読書グループは、その小部屋をしばしのあいだ占領《せんりょう》し、内側からカギをかけて、語り合った。最近読んだ本の読後感を述べ、読みたい本などは手分けして、古本屋や、親類の家を回って探《さが》したものである。

その当時の私の関心は、一点は「生命というものは大事だ！」であり、二点は「戦争はどうなるのか！」ということであった——と、そのときの友人が言っている。これはおそらく軍需工場で働き、空襲《くうしゅう》にあい、書物を読み、また、兄たちを次々と戦争にとられたみずからの実感からきたものであろうし、生命の問題も、やはり、身近なものの戦死、また自身の病弱な体を見つめざるをえない状況からきたものにちがいない。

一方、アメリカ空軍の東京空襲《くうしゅう》*1は二十年にはいると連日のようになり、焼夷《しょうい》弾《だん》は雨のように落とされた。城南の地に焼け野原は広がっていった。防空壕《ぼうくうごう》とバケツ、空襲警報……。

戦争の直接、間接の犠牲者《ぎせいしゃ》はかぎりがなかった。戦争はあまりにも残酷《ざんこく》であった。少年の日、遊んだ糀谷《こうじや》の家の広い庭に咲《さ》いていた大きな桜の木もいつしか切られ、そのあとは軍需工場に変わっていった。

また大空襲《だいくうしゅう》に見舞《みま》われた工場や家々はそのほとんどが焼けてしまった。蒲田《かまた》六郷に近い静かな寺院の一角が不思議に焼け残っていた。私は、物思いにふけりながら一人で歩いていた。と、幾本かの桜が、生き残り、美しく咲《さ》き薫《かお》っていた。私は立ちどまった。感慨《かんがい》こみあげるものがあった。

私は湧《わ》き起こる感情を詩に託《たく》して詠《よ》んだ。

稚拙《ちせつ》な詩ではある。しかし、私の十七歳の日の一つのまぎれもない断面である、ということで、ここに記《しる》してみたい。

戦災に　残りて咲《さ》きし桜花
空は蒼空《あおぞら》　落花紛々《らっかふんぷん》
その背景は　現実の廃墟《はいきょ》

花仰《あお》がずして　民憐《たみあわ》れなり
流浪《さすらい》の彼方《かなた》　厳しや
親子の道
群居《ぐんきょ》の波に　開花あり
夜明けの彩色《いろ》か　桜花
ああ複写あり　この存在
権力人《けんりょくびと》と　平和人
散る桜　残る桜も　散る桜　と
謳《うた》いし人あり

青春桜　幾百万
なぜ　散りゆくか　散りゆくか

南海遠しや　仇桜《あだざくら》
爛漫《らんまん》未熟に　枝痛し

残りし友も　いつの日か
心傷《こころきず》あり　理念界

諸行は無常《むじょう》か　常住《じょうじゅう》か
それも知らずに　散りゆくか

散る桜　残る桜よ　永遠《とこしえ》に
春に　嵐と　咲《さ》き薫《かお》れ

私は、この終戦の年の春十七歳に詠《よ》んだ自作の詩に「散《ち》る桜」と題をつけた。

＊1　アメリカ陸軍航空隊。第二次世界大戦後、陸軍から独立したアメリカ空軍となる。

赤焼けの空襲《くうしゅう》

戦局は日を追って激化《げきか》した。敗色《はいしょく》は濃厚になっていく。蒲田《かまた》一帯にも空襲《くうしゅう》がつづいた。「進め一億火《ひ》の玉《たま》だ」のスローガンもすでに空《むな》しくこだました。昭和十九年（一九四四年）に、すぐ上の兄が軍用列車に乗りこむのを品川駅頭で見送って以来、八人の子どものなかで五男の私が、一家の面倒《めんどう》をみていくようになった。

空襲《くうしゅう》が激しくなり、江東方面は二十年三月、大空襲にあい、死んだ都会が残った。糀谷《こうじや》二丁目の家は、空襲による類焼《るいしょう》を防《ふせ》ぐため、同月、強制疎開《そかい》させられることになった。家は取り壊され、一家は住む家を失《うしな》ったのである。やむなく馬込《まごめ》のおばの家に新しく一棟建て増して、お世話《せわ》になることになった。両親とも代々江戸っ子のわが家には、田舎《いなか》というものがなかったのである。どこの家も困難ななかを、必死に生きていた時代であった。おばの家も同様である。強制疎開《そかい》が決まると、少しずつ分けて荷物を馬込《まごめ》へ運んだ。春まだ浅いころである。リヤカーで運ぶのに数時間はかかった。すでに胸部疾患《きょうぶしっかん》の私である。汗が噴《ふ》き出て、呼吸が荒くなり、たいへんな重労働であった。

それでもようやく家具などすべてを運び終えた。まがりなりにも家の体裁もととのい、あすからは父母も引っ越すという前夜、五月二十四日の空襲《くうしゅう》があった。馬込《まごめ》にも焼夷弾《しょういだん》が降って、夜空を赤く焦《こ》がした。火の手は随所にあがり、とうとうおばのところも直撃を受けて全焼《ぜんしょう》してしまった。私は噴《ふ》き上げる火の中を、必死になって荷物を持ち出そうとしたが、大きな長持《ながもち》*1一つを、下の弟と一緒にかろうじて持ち出せたにすぎなかった。あとはなに一つ残らず、まったくの裸同然で焼け出されたのである。

翌朝、ぼう然としつつ、皆で焼け跡を片付けた。長持《ながもち》も開けられた。ただ一つ残った財産である。ところが開けてみて唖然《あぜん》とした。それはひな人形のはいった長持で、コウモリガサも一本、申しわけなさそうにはいっていた。必死で持ち出したのがひな人形とは。心の落差は大きかった。あすから、いや今夜どうすればいいのか。弟も妹もいる。そんなときであった。母はこう言った。

「このおひなさまが飾《かざ》れるような家に、きっと住めるようになるよ。きっと……」

母もガッカリしていたことは間違いない。しかし母は努めて明るくこう言ったのである。母の言葉には千鈞《せんきん》の重みがあった。皆はつりこまれるように笑った。笑いのなかに希望が生まれていくようであった。

私たちは急ごしらえのバラック小屋に住むことになった。屋根はトタンを打ちつけた代物《しろもの》である。夏の夜、昼間の余熱があって部屋はうだるように暑かった。父は病気がちになっていて、寝苦しそうに何度もうなる。そんな父を見て、思わず私は屋根に上がり、バケツで水をかけたりした。

戦争の無残《むざん》さは、津波のようにわが家を襲《おそ》い、すべてをめちゃくちゃにした。私はいつとはなしに戦争の無意味さを、問い始めるようになっていた。何のための戦争か。戦争の悲惨《ひさん》さはこの五体に刻みこまれ、その体が戦争の告発へと向かっていったのである。

私の反戦平和への心の軌跡《きせき》をたどるとき、こうした原体験から発していることは明らかである。それだけに強く、深い。一度は少年航空兵をこころざし、青春の真昼を前に、この生命を戦争で終わらせても……と思った自分である。戦争に対したときの、人間の内面の動き、心の振幅《しんぷく》は人によってさまざまであろう。しかし、心が戦争を生み、人をして戦争に走らせ、やがて戦争を憎《にく》むということだけは、そのときからよくわかった。

敗色《はいしょく》は明らかになっていく。私は人知れず反問した。これからどう生きていくのか。戦争の終わりは、だれも口にこそ出さなくても、近いことは察知していた。トタンの破れたところから、月がのぞいている。焼け跡を照らす妙に冴《さ》えた月光であった。空襲《くうしゅう》で本を失《うしな》ったのはとても残念であったが、私はトルストイの『戦争と平和』などを頭でもう一度読み返したりしていた。

青春を戦争のなかで位置づけられてきた自分にとって、残っているものはなにもなかった。体は毎晩寝汗《ねあせ》をおびただしくかくほど悪くなっていく。ともかく学問以外にないだろう。戦争が終わったら勉強することだ——と漠然《ばくぜん》とではあるが、あすを考えるようになっていた。

＊1　衣服や生活用具を収納する大型で長方形の蓋付きの箱。

忘れ得ぬ鏡

敗戦――。それは私にとって一つの大きな区切りであった。敗戦は予想されていた。いつくるかが問題であった。しかし実際に敗戦となると、感慨《かんがい》は深かった。

戦争は生活のすみずみに投影《とうえい》されていた。行動のすべては、戦争とつながっていた。昭和三年（一九二八年）前後に生まれた世代にとっては、それが実感であったと思う。その戦争が今日で終わった。天皇の名で始まり、天皇の名で遂行《すいこう》された戦争が、玉音《ぎょくおん》放送で終わった。これから新しい日々が、まったく新しい日々が始まろうとしている。そのひめやかな予感のなかで、十七歳の私は不安と期待を交錯《こうさく》させていた。

しかし現実には、人びとは生きていくのに精《せい》いっぱいであった。荒廃《こうはい》した街《まち》に残ったのは、食糧《しょくりょう》事情のいよいよの悪化であった。四人の兄は終戦後も外地より復員《ふくいん》せず、私がイモの買い出しに出かけた。千葉方面へ満員列車で向かう。人びとは争って食糧を求めた。車中には敗戦の空虚《くうきょ》さはともかく、庶民《しょみん》の雑草のような根強さがあった。時代がどう動こうとも必死に生きていこうとする庶民の哀歓《あいかん》は、好ましい世界でもあった。リュックにイモを背負っての帰り、私は一種の喧噪《けんそう》のなかに身をまかせつつ、これからの進路を思った。

当時の母は、わが子の復員《ふくいん》のみが希望だった。とくに長兄《ちょうけい》・喜一《きいち》のことは気がかりのようであった。中国大陸から南方へ向かって以後、音信は途絶《とぜつ》している。もしか戦死したのでは……という思いを口にすることは、かわいそうで、とてもできなかった。

長兄《ちょうけい》と私を結ぶ鏡の破片がある。なんの変哲《へんてつ》もない、約一センチの厚さの破片である。鏡は母が父に嫁《とつ》ぐときに持参したもので、いつの日だったか割れてしまった。その鏡の破片を長兄も私も持っていたのである。長兄は大切にそれを持って出征《しゅっせい》した。私は自分の手元にある鏡を手にするたびに、戦場の兄を思ったものである。空襲《くうしゅう》のときも、私はその鏡の破片を胸に焼夷弾《しょういだん》をくぐった。

終戦後、三番目の兄が二十一年一月十日、まず復員《ふくいん》した。つづいてすぐ上の兄が同年八月十七日復員、栄養失調でまるで幽霊《ゆうれい》のようだったことを覚えている。そして一カ月後の九月二十日、二番目の兄も帰ってきた。だが長兄《ちょうけい》の消息《しょうそく》は依然《いぜん》としてわからなかった。やがて終戦から二年目の年が明けた。冬が過《す》ぎ、焼け跡にも桜が咲《さ》いた。しかし、長兄は帰ってこなかった。母は、夢に見たとよく話した。「喜一《きいち》は、大丈夫、大丈夫だ、かならず生きて帰ってくる、と言って出ていった」。母はこれを口にすることで、みずからを励ましていたようである。

空に初夏の雲が流れるようになった五月三十日であった。役所の年老《としお》いた人が一通の便りをもって訪《たず》ねてきた。わが家は終戦直後に馬込《まごめ》のおばのところから、森ケ崎《もりがさき》に移転していた。父の家作*1だった家である。一通の便りを届けるのに、役所はひどく手間どったそうである。空襲《くうしゅう》でほとんどの家が親類、知人を頼りに転々としていた状況だったから、それはやむをえないことであったろう。

母がていねいにお辞儀《じぎ》をして書状を受け取った。受け取ってすぐ母は後ろを向いてしまった。母の背が悲しげだった。その書状は戦死の公報であった。それによると、二十年一月十一日、享年二十六歳ビルマ*2で戦死、となっていた。遺骨を受け取りにくるように、ということで兄が品川まで行った。帰ってきた遺骨を抱きかかえるようにした母の姿《すがた》を、私は見ることができなかった。以来、母はめっきりと年老《としお》いたようである。父もゼンソクや心臓が悪くなり寝こむことが多くなった。強情《ごうじょう》な父、いつも努めて明るくあろうとした気丈《きじょう》な母も、長兄《ちょうけい》の戦死の報に心中深く、思いっきり泣いたにちがいない。

それから五年後、私は結婚したが、鏡の破片はいまも私の手元にある。妻が桐箱に入れて大事にしまっているが、ビルマに散った兄の忘れがたみとしている。後年、仏教発祥《はっしょう》の地インドへ赴《おもむ》いた途次《とじ》、私はラングーン*3に寄った。無名戦士の墓に詣《もう》でて、心から冥福《めいふく》を祈ることができた。戦争の無残《むざん》さを、私は南の空の青さとともに、この胸にしっかりと刻印《こくいん》して帰ったのである。

*1　貸すためにつくった持ち家。
*2　正しくは二十九歳だが、公報では二十六歳と表記されている。
*3　ヤンゴン。ビルマ（ミャンマー）の旧首都。

焼け跡の向学心

世の中の変わりようは激しかった。真実とは、人間とは……。敗戦により、従来の価値観はひっくり返ったように思われた。何を支柱《しちゅう》に生きていくべきか、若者たちは、悩んだにちがいない。私も、その一人であった。

無性《むしょう》に勉強がしたくなった。戦争という異常事態下にあっては、好きな読書も満足にはできなかった。そうだ、ともかく学校へ行こう。それも昼間の学校へ行くことなどは、経済的にもとても余裕《よゆう》がない。なにしろ、終戦の年の秋には、まだ、戦地に出征《しゅっせい》した兄たち四人とも家に帰ってはいなかったし、私には残った男の子として、家の生計をささやかではあるが支《ささ》えていくことが不可欠であった。また、私は働きながら学ぶ他の学生の心も知りたい気持ちがあった。私は、夜間の学校で勉強しようと思った。

そんなある日、私の足は、神田《かんだ》の古本屋街へ向かっていた。駿河台《するがだい》の丘の上に立って、焼け落ちたビルを眺《なが》めていると肩をたたく人がいた。私と親しくしていた友人の先輩であった。

久しぶりの邂逅《かいこう》に、二人の話ははずんだ。その人は、私が学校へ行きたいということを知ると、神田三崎町《かんだみさきちょう》の東洋商業（後の東洋高校）を紹介してくれた。簡単な筆記試験を受けて、終戦の年の九月から中途編入することになり、東洋商業の二年生になった。

学校には、建物だけがともかく残っているといってもよく、机や椅子《いす》も、どこか壊れていたり、傷がついていたりして、完全なものはなかった。窓ガラスも破れ、教材用の器具などもそろっていない。壊れた窓からは、冬の寒風が遠慮なくはいってきた。天井からつり下がった裸電球も薄暗《うすぐら》かった。停電は毎夜のごとく。しかし、戦時中の遅れを取り戻すため、私たちは、むさぼるように少ない本を手にしては読んでいた。私は、そんな一人の夜学生である。廃墟《はいきょ》と化した市街の上に、悠々《ゆうゆう》と広がる澄《す》み渡った青い空は、いま思い出してもあまりにも鮮《あざ》やかである。瓦礫《がれき》の山のなかの生活も、戦争が終わり、心はあの青い空の色かなにかに向かってかぎりなく晴ればれと走り出した。皆、新しい知識に飢《う》えていた。

薄給《はっきゅう》のなかから蓄《たくわ》えた小遣《こづか》いを持っては、神田《かんだ》に飛んでいき、望みの本を見つけて喜んだのもこのころである。古典《こてん》、新刊書など、手にはいるものは乱読というか、片っぱしから読んだといってよい。

読書は、私の人生にとって最大の趣味《しゅみ》の一つである。素晴らしい良書に巡《めぐ》り合った喜びはなににもまして、といってよいほどのうれしさがあった。岩波書店へ行って、列をなしているところに並んで、やっと一冊の本を手に入れたこともある。

昭和二十一年、二十二年のそのころ、私が書きつけたワラ半紙の雑記帳に、読んだ本のなかから感銘《かんめい》した文などが思いつくままに記《しる》されている。

「家《いえ》は十坪《つぼ》に過《す》ぎず、庭は唯《ただ》三坪。誰《たれ》か云《い》ふ、狭《せま》くして且陋《かつろう》なりと。家陋《ろう》なりと雖ども、膝《ひざ》を容《い》る可《べ》く、庭狭きも碧空仰《へきくうあお》ぐ可く、歩《ほ》して永遠を思ふに足《た》る。神《かみ》の月日《つきひ》は此處《ここ》にも照《て》れば、四季も来《きた》り見舞《みま》ひ、風《ふう》、雨《う》、雪《せつ》、霰《さん》かはる〴〵到《いた》りて興浅《けうあさ》からず。蝶児《ちやうじ》来りて舞ひ、蟬《せみ》来りて鳴き、小鳥《ことり》来り遊び、秋蛩《しうけう》また吟《ぎん》ず。静かに観《くわん》ずれば、宇宙の富《とみ》は殆《ほと》んど三坪の庭に溢《あふ》るゝを覚《おぼ》ゆるなり」（徳冨蘆花『自然と人生』岩波文庫。文中、「陋《ろう》」とは狭い・むさくるしいの意）

私の心に、ひたひたと打つものがあったのであろう。人間と人間の愚《おろ》かな戦いの修羅場《しゅらば》をば、大自然の恵《めぐ》みは超越《ちょうえつ》して、春を呼び、秋を寄せる。荒廃《こうはい》した家々と天地《てんち》のおおらかさ――この対照鮮《あざ》やかなときに、「宇宙の富は三坪《つぼ》の庭に溢《あふ》れる」と覚えるのは、愉快至極《ゆかいしごく》なことではなかったか。

また父や母のことも私には心にかかっていたのであろうか。「初春の花見る毎に父母の、傾《かたむ》く年を独《ひと》り寝《ね》に泣く」（国木田独歩『欺《あざむ》かざるの記』）などとペンを走らせている。

その他、その雑記帳に抜き書きされている書名や著者の名を、当時の心のメモリーとして並べてみると、その内容はいっさい忘れてしまったが、それぞれから懐《なつ》かしい思い出が想起されてくる。

シルレル、勝海舟、カーライル『英雄及英雄崇拝』、石川啄木、ダーウィン『種《しゅ》の起原』、長与善郎『竹沢先生と云ふ人』、ジャック・ロンドン『奈落の人々』、バクーニン『神と国家』、有島武郎『旅する心』、岡倉覚三『日本の目覚め』、三木清『人生論ノート』、国木田独歩『欺《あざむ》かざるの記』、プラトン『クリトン』、ヘルデルリーン『ヒュペーリオン』、姉崎正治『復活の曙光《しょこう》』、阿部次郎『三太郎の日記』、幸田露伴『頼朝』、エルベール編『ガーンディー聖書』、ルソー『エミール』、孫子、内村鑑三『代表的日本人』、エマーソン論文集、モンテーニュ『随想録』、プラトン『国家』、伊藤千代松、プレハノフ『我等の対立』、中江兆民、幸徳秋水、佐藤一斎『言志四録《げんししろく》』、高山樗牛《ちょぎゅう》、『平家物語』、武者小路実篤『我が人生観』、呉茂一訳『増補 ギリシア抒情詩選《じょじょうしせん》』、高橋健二訳『ゲーテ詩集』、バイロン……。

いまは読書のいとまも思うようにとれず残念である。

新しい職場

終戦とともに、軍需工場であった新潟鉄工所は、当然のこととして閉鎖《へいさ》になっていった。失業者の多いこのときに私は幸《さいわ》いにも選ばれて、下丸子《しもまるこ》(大田区)にあった東洋内燃機に一時籍《せき》をおくことができた。新潟鉄工の同僚も、二、三十人いっしょに行ったようである。

翌年(昭和二十一年)、西新橋にある小さな印刷会社に移った。その昭文堂印刷の主人は、山梨県出身の黒部武男さんといって、商売熱心の人であった。新潟鉄工時代、海軍から工場勤務に派遣されてきていた人が、その黒部さんといとこ同士ということで、その方《かた》の紹介によるものである。

新潟鉄工の友人二人に私を加えて三人いっしょに採用してくれ、との話が黒部さんに持ちこまれたようである。印刷会社といっても、焼け野原に建《た》てられた粗末《そまつ》な平屋造りの工場であり、働いている工員も数人といった家内工業的なもので、そこに一挙に三人の入社ということは、当時としてはかなりの勇断《ゆうだん》であったにちがいない。

ともかく、私は、森ケ崎《もりがさき》の自宅から、通《かよ》うようになった。神田三崎町《かんだみさきちょう》の夜学へ通《かよ》っていた私にとって、会社が西新橋にあるということは一つの魅力《みりょく》であったことは否定《ひてい》しえない。朝、家を六時半ごろ出て三十分ほど歩くと梅屋敷《うめやしき》駅へ着く。そこから京浜《けいひん》急行に乗り、品川駅まで行き、国電*1に乗り換え新橋駅で降りる。露店の闇市《やみいち》が線路ぎわに立ち、日用雑貨《ざっか》を売っていた。浮浪者《ふろうしゃ》は駅の近くに満ちあふれていた。新しい職場は、駅から歩いて、約十五分ぐらいのところにあった。

私の仕事は、得意先から印刷物の注文をとり、それを図面にトレースして印刷工に渡し、刷《す》り上がってきた品物を責任もって校正することであった。主な注文は、いわゆる端物《はもの》といわれた伝票や申請書などであった。六本木にあった東洋英和女学院などに自転車を走らせ、印刷したての成績表、出欠簿、各種証書を届けた。

家族的な雰囲気《ふんいき》の職場で、工場の引っ越しのときも皆でやった。東京都から、希望者にプレハブ建物の提供があり、それを自分たちで組み立て新しい工場を造《つく》ることが必要であった。金槌《かなづち》やクギをもって、私たちは工場を建《た》てた。屋根作りに張《は》りきっていた同僚が、屋根の上から落っこちてしまい、傷の手当てをするやら病院へ連れていくやらでたいへんだったこともあった。

私の体は、依然《いぜん》として悪い状態であった。黒部さんは、私の体が丈夫《じょうぶ》でないことに心を砕《くだ》いてくれ「疲《つか》れたら休んで結構ですよ」と注意してくれたりなどした。

一年余りして、体の状態がもたず退職の願いを出し、しばらく自宅で静養するようになったときなども、私の将来を案じて、私が最もよい道を選べるように心配してくださったようである。

幸《さいわ》い、私の仕事にも全面的に信頼を寄せられていたようで、内心はできるだけ長く自分の工場で仕事をしてもらいたいと思っておられたにちがいない。しかし、この方《かた》は、工員からたたきあげてきた苦労人で、なにも私のみにかぎらず、だれに対しても、その人にとって、最もよいコースをとらせてあげたいと考えるような人物であった。

退職し、しばらくして、家から近い蒲田《かまた》工業会の事務員書記として勤《つと》めるようになった。微熱《びねつ》はつづき、まだ血痰《けったん》は出る。しかし、事務仕事なので体を酷《こく》使《し》することはなく、その点は楽である。そこでの直接の上司は小田原政男さんという方《かた》で、律義《りちぎ》で正義感《せいぎかん》に燃えた方であった。この蒲田工業会は、昭和二十一年(一九四六年)の春、蒲田地区近くの中小企業工場の再建と復興《ふっこう》を図《はか》るために設立されたものである。

私は、当時、夜は東洋商業の夜間部へ通《かよ》っていたので、昼間の勤務も学生服が多かった。家が近く、下駄《げた》をはいて通っていた日もあった。昭和二十三年九月に蒲田《かまた》工業会館が落成《らくせい》したときの記念写真があるが、その写真にも私は学生服の姿《すがた》で写っている。

＊1　後の国鉄、ＪＲ（Japan Railway）。

森ケ崎海岸

「国破れて山河《さんが》在《あ》り　城《しろ》春にして草木深し　時に感じて花にも涙を濺《そそ》ぎ……」（『杜詩』鈴木虎雄訳注、岩波文庫）。この有名な杜甫《とほ》の詩「春望《しゅんぼう》」が、ふと浮かんできた。これは、敗戦の焦土《しょうど》に生きる十代の青年にとって実感であったといえよう。私は、森ケ崎《もりがさき》の海岸をよく友人と歩いていた。夜の浜は磯《いそ》の香《か》高く、微《び》風《ふう》が頬《ほお》をそっとなでる。打ち寄せる波は、冴《さ》えた月光に照らされて、ときに銀色に輝《かがや》いた。

くずれかけた草深い土手の奥から、虫の鳴き声が聞こえてくる。孤独《こどく》の友と、哲学を語り、文学を語った。そして、生と死とを――。貧窮《ひんきゅう》の彼は、キリスト教信者になるという。

「先日、内村鑑三の『代表的日本人』*1を読んだが、『あの実に重要なる死の問題、――それは凡《あら》ゆる問題中の問題である。死のあるところ、宗教はあらねばならぬ』とあったよ」「うん、その死ということなんだが……」「いったい生命とは?」。

静かな議論はつづいた。だが私は、キリスト教には魅《み》せられない。

次の日は、一人で散歩した。少年の日、泳ぎを覚えた南埋川《みなみうめがわ》の石垣に腰をおろす。光を反射する水面を眺《なが》め、思索《しさく》するのも楽しかった。幼《おさな》い日は、ボラやハゼが海から上がってくるのを、夢中《むちゅう》になって釣《つ》った。

「エビとり川」と小さい私たちが呼んで、よくエビやアサリを採《と》りに行った深土《ふかんど》の岸辺も訪れた。対岸は、羽田の空港である。空に舞い上がる飛行機も、ほとんど米軍機ばかり……。

生活に疲《つか》れた人びとは、溜息《ためいき》と吐息《といき》の連続。皆、その日その日をしのぐのに精《せい》いっぱいであった。消沈《しょうちん》、焦《あせ》りの日、哄笑《こうしょう》の渦《うず》。生活の様式が大きく変わり、既成の価値観が逆転し、あわただしく変動する時代に、いかに生きていくかはむずかしい問題であった。

戦後の荒廃《こうはい》と虚脱《きょだつ》が、思考力まで喪失《そうしつ》してしまった人間を生み出す。このような世には、なにかしら抵抗《ていこう》せざるをえない。家の付近に住む二十歳から三十歳ぐらいまでの学生、技術者、工員、公務員など二十人ほどの青年たちが集まって、読書サークルを作っていたが、私もそのメンバーに加わり、人生の指標《しひょう》を探《さが》していた。

当時、乏《とぼ》しい小遣《こづか》いを蓄《たくわ》えて、意を決して買ったのは真新しい机と椅子《いす》であった。これも、懸命《けんめい》になって何かを学び、知りたいという当時の心の飢餓《きが》からくる欲求のあらわれであったのであろう。森ケ崎《もりがさき》のわが家の六畳間にすぐ上の兄と同室していたのである。が、デンと置いた私の机は、兄の生活領域《りょういき》をかなり侵蝕《しんしょく》したにちがいない。

戦時中の勤労動員《きんろう》により、若者たちは頭脳のブランクを埋《う》める必要を感じていた。年配者の多くは、敗戦という大激変により虚脱《きょだつ》状態にあったが、青年は新しい知識を求めていた。物心《ものごころ》ついてから、天皇を絶対とする国家主義をたたきこまれていた私たちの世代は、いっさいが空虚《くうきょ》と化《か》したことを知ったのであるが、まだまだ新しくやり直《なお》す気概《きがい》には燃えていたのである。

二回目の終戦記念日を迎えようとしていた蒸《む》し暑い真夏のある夜である。小学校時代の友だちが訪《たず》ねてきて「生命哲学について」の会があるからこないかという。生命の内的自発性を強調したベルクソンの「生の哲学」のことかと、一瞬思って、尋《たず》ねてみたが「そうではない」という。私は興味をもった。約束の八月十四日、読書グループの二人の友人と連れ立って、その「生命哲学」なるものを聞きに向かった。

占領下《せんりょうか》の東京、城南一帯はまだ焼け野原。小さなバラックや防空壕《ぼうくうごう》がいまだに散在している。夜、窓からもれてくる裸電球の灯《あかり》も薄暗《うすぐら》い。八時過《す》ぎ、街灯もない暗い道を歩いていった。めざす家の玄関をはいると、二十人ばかりの人びとがいたが、ややしゃがれた声で、屈託《くったく》ない声でしゃべっている四十代の人の顔が目にはいった。広い額《ひたい》は秀《ひい》でており、度の強い眼鏡《めがね》の奥が光る。その座は、不思議な活気に燃えていた。自由闊達《かったつ》な話を聞いていると、いかなる灰色の脳細胞でも燦然《さんぜん》と輝《かがや》き出すような力《ちから》があった。

この人物が、私の人生を決定づけ、私の人生の師となった戸田城聖《とだじょうせい》先生[*2]であった。

＊1　鈴木俊郎訳、岩波文庫。

＊2　創価学会第二代会長。一九〇〇年～五八年。石川県生まれ。北海道に育ち、教育の道を歩む。戦後、牧口常三郎の後を継ぎ、第二代会長として創価学会の大発展の基盤を築いた。

人生の師

この日（昭和二十二年八月十四日）、この運命の師と会ったことが、私の生涯《しょうがい》を方向づけることになったのであるが、そのときは知るべくもなかった。ただ、初対面ながらも不思議に親しみの情がわき上がってくるのを禁じえなかった。講義と質問への応答が一段落すると、戸田先生は微笑《びしょう》しながら「いくつになったね」と尋《たず》ねられた。仁丹《じんたん》をかみ、たばこをふかしておられた。十九歳ということを耳にして、ご自身も故郷の北海道から東京へ初めて上京したときもそんな年ごろだった、と懐《なつ》かしげに語られる。

私は、「教えていただきたいことがあるのですが……」と質問をした。「正しい人生とは」「本当の愛国者とは」「天皇をどう考えるか」、この三点であった。直截簡明《ちょくせつかんめい》な、しかも誠実な答えが返ってきた。少しの迷いもなく、理論をもてあそぶようなこともない。「これだ！」と思った。この人の言っていることは本当だ！　私は、この人なら信じられる、と思った。いっさいのもののあまりにも急激な変化のためであろう、何も信じられない、といったような心とともに、しかし、何かを探《さが》し求めていたのである。

深い深い思いにふけり、自己《じこ》の心の山々の峰《みね》をいかに越えようか、と考えながらも結論が得られずに悩んでいた私にとって、戸田先生との邂逅《かいこう》は決定的な瞬間となってしまった。その屈託《くったく》のない声は、私の胸中の奥深くしみ入ってきたといってよい。私はなにかしらうれしかった。その日、自分の所懐《しょかい》を即興《そっきょう》の詩に託《たく》して誦《しょう》した。

旅びとよ
いずこより来《きた》り
いずこへ往《ゆ》かんとするか

月は　沈《しず》みぬ
日　いまだ昇《のぼ》らず
夜明け前の混沌《カオス》に
光　もとめて
われ　進みゆく

心の　暗雲をはらわんと
嵐に動かぬ大樹求めて
われ　地より湧《わ》き出でんとするか

夜十時近く、その家を辞《じ》した。蒸《む》し暑い夏の夜であった。快《こころよ》い興奮《こうふん》と複雑な心境《しんきょう》が入り混じり、精神は緊張《きんちょう》していた。当時の青年にとって、宗教なかんずく仏教の話ほど、無縁《むえん》の存在はなかったといってよい。正直《しょうじき》いって、そのときの私自身、宗教、仏法《ぶっぽう》のことが理解できて、納得したのではなかった。戸田先生の話を聞き、姿《すがた》を見て、「この人なら……」と信仰の道を歩《あゆ》む決意をしたのである。

さらに、話を聞くと、この戸田先生という人物は、戦時中、あの無謀《むぼう》な戦争に反対し、軍部独裁《どくさい》の国家権力の弾圧《だんあつ》にもかかわらず毅然《きぜん》として節《せつ》を曲げずに、昭和十八年（一九四三年）、治安維持法《ちあんいじほう》違反ならびに不敬罪《ふけいざい》の容疑で検挙《けんきょ》され、投獄《とうごく》されながらも己の信念を貫《つらぬ》き通したというではないか。これは決定的な要素であった。二年間の獄中《ごくちゅう》生活に耐《た》え、軍国主義思想と戦った人物には、信念に生きる人間の崇高《すうこう》さと輝《かがや》きがある。極論すれば、当時の私にとっては「戦争に反対して獄にはいったか否《いな》か」ということが、その人間を信用するかしないかを判断する大きな尺度《しゃくど》になっていたといっても過言《かごん》ではない。

その日の朝の新聞も、翌日の終戦記念日を迎えるにあたっての首相の呼びかけを掲載していた。紙不足でたった二ページしかない新聞の第一面に大きなスペースをさいて、平和・文化国家に再生するため、科学・技術・勤労《きんろう》・国際観という四つの視点から述べているものであった。

しかし「平和・文化」という言葉は、処々《しょしょ》に氾濫《はんらん》はしていても、それにいたる方法は甲論乙駁《こうろんおつばく》でいかなる道を採択するかに青年は悩んでいたにちがいない。私もその一人であった。が、戸田先生との出会いによって光が射《さ》してきたのであった。

人びとの窮乏《きゅうぼう》生活は、際限《さいげん》なくつづくインフレにより、いよいよ苦しくなる一方で、敗戦の重みが一人一人の両肩に、背にのしかかってきていた。お米の配給米の公定価格一つとってみても、この年の暮れには、終戦の年の十二月の基準指数を一とすると二十五倍にもなり、翌年には六十倍に急上昇するような具合《ぐあい》であった。

私自身の生活もたいへんだったといってよい。しかし生来《せいらい》の気質《きしつ》からくるものなのか、雑踏《ざっとう》のなかの活力といったものが備《そな》わっていたからといってよいのか、ともかく、生活の困難さは気にならなかった。

ただ、人びとが苦しみ、歎《なげ》く混乱した状況を見ながら、なんの痛痒《つうよう》も感じない思想的安眠状態に漂《ただよ》うことはできなかった。思想上の〝安眠〟から精神的な〝不眠〟へと進む危機一髪《ききいっぱつ》のときに、私は人生の師に会うことができたのである。

十日後の八月二十四日の日曜日、私は、創価学会の一員として出発することになった。

それからの日々、私は戸田先生との運命的な出会いを深化《しんか》させながら、生涯《しょうがい》、人間革命を断行《だんこう》し、宗教革命、社会革命に自分を捧《ささ》げつくせるか否《いな》かの自己検討《じこけんとう》をしていた。決して強靱《きょうじん》とはいえない自分の身体とのかかわりあいもあったからである。

しかし、私は、やがてルビコンを渡った——。*1 他に道がなかったからである。仏法《ぶっぽう》教義とその現実の実践との振幅《しんぷく》に悩みながら。

＊1 覚悟を決めて、ことにあたる意。紀元前四九年、カエサル（シーザー）が政敵ポンペイウスとの戦いを決意し、共和制ローマと属州ガリアとの境で「越えてはならない」とされていたルビコン川を渡ったことに由来する。

日本正学館

恩師との出会いから一年四カ月後、私は戸田先生の経営していた出版社・日《に》本正学館《ほんしょうがっかん》で働くことになった。それまでの期間、私は私なりにひたすら今後の生き方と仏法《ぶっぽう》について思索《しさく》した。私にもし、いくばくかの逡巡《しゅんじゅん》があったとするならば、それは仏法の信条《しんじょう》のままに生き抜くならば、多くの苦難《くなん》の道が待っているであろう、とつねづね感じていたことによる。それは最終のふんぎりといってよかった。

信仰した翌年の八月には夏季講習会《かきこうしゅうかい》に参加した。座談会《ざだんかい》にも夜学で時間のないなか、なんとか都合をつけて出るようにしていた。座談会の帰り道、先輩を見送りながら蒲田《かまた》駅までの三十分、星空のもと仏法《ぶっぽう》談義を交《か》わしたりもした。私の関心は人間の生と死という、思想上の根本的な課題にあった。すべてが納得できたわけではなかった。しかし私の脳裏《のうり》に魅力《みりょく》あふれる恩師の姿《すがた》がいつもあった。入信後もいくたびかお会いし、私はますますその強い信念に打たれていたのである。今日まで悔《く》いのない道を歩《あゆ》みつづけてこられたのは、まったくもって恩師のおかげである。

昭和二十三年（一九四八年）の秋、戸田前会長の出版社で働いてみないかと突然聞かれたとき、一も二もなく「お願いします」と即座《そくざ》に答えた。まだ蒲田《かまた》工業会に勤《つと》めていたので、仕事の一区切りまで時間を要した。辞《や》めることになったとき、上司と同僚がささやかながら心のこもった送別会を催《もよお》してくれたことを、いまも忘れない。

日本正学館《にほんしょうがっかん》への初出社は二十四年の、松もとれない一月三日である。戸田先生から「来年からこい」と言われていたのでそうしたのだが、西神田《にしかんだ》の事務所へ弁当を持って、朝八時に出社した。ところがだれもきていない。九時まで掃《そう》除《じ》を終え十時になった。まだ社員はこない。そうこうするうち、一通の戸田先生あての電報が届く。私はお宅へ持っていくことにしたが、このときが戸田前会長の家を訪問した最初である。

事務所は二階建てで一階が営業などの事務関係、二階へ通じるところに中二階があり、二階は八畳の部屋と、それより小さい部屋が二間つづいてあった。編集室は裏手の小さい部屋である。戸田先生は八畳の部屋におられ、手前の部屋と合わせて、ここで法華経《ほけきょう》の講義などをされた。

「松下村塾《しょうかそんじゅく》は小さな八畳の部屋が講義室だった。この部屋も小さいが、ここからかならず未来の人材が陸続《りくぞく》と輩出《はいしゅつ》する」と、よく先生は言っておられた。

戸田先生は戦前も時習学館《じしゅうがっかん》を経営し、出版事業を行《おこな》っていた。戸田城外《とだじょうがい》著の『推理式指導算術』はベストセラーになっている。戦後はいち早く通信講座の出版を行うなど実績があった。混乱期ゆえ用紙の確保からしてたいへんであったろうが、入社したころは婦人向けの雑誌『ルビー』と、私が編集することになった少年雑誌『冒険少年《ぼうけん》』を発行していた。

編集部員といっても編集長と私のほか数人、それに使い走りのアルバイトの学生である。当然、企画から編集、原稿、挿絵《さしえ》の依頼、受け取り、校正まで、いっさいをしなければならなかった。それでも少年のころからの新聞記者か雑誌記者になりたいとの希望が実現した喜びで、大いに張《は》りきって仕事をしたものである。

それに私は元来、子ども好きである。敏捷《びんしょう》な体、澄《す》んだ瞳《ひとみ》、弾《はず》む心、子どものすべてを愛した。若さゆえのひたむきさで、私は本気になって日本一の、子どもたちに愛される少年雑誌を、と駆《か》け回ったものである。

ところが大手の出版社に押され、本はなかなか売れなかった。当時、『少年』や『少女』がかなりの部数を出していた。私は一つには宣伝《せんでん》の弱さを痛感していた。経営が苦しいことは百も承知していたが、戸田社長に宣伝してほしい、と申し出た。しかし、かなわぬことに思えた。

『冒険《ぼうけん》少年』の七月号から私は編集を全面的に任《まか》された。駅でもバスの停留所でも街《まち》を歩きながらも、私は始終、少年たちが何を読んでいるのか気にしていた。小学校の前に行って子どもたちにどういう内容を読みたいか、尋《たず》ねたりもした。

それでも部数は伸びず、逆に返本がかさむようになった。『ルビー』がまず廃刊となり、『冒険《ぼうけん》少年』も『少年日本』と改題し、心機一転《しんきいってん》、出直すことになった。これは私のつけた名である。

『少年日本』廃刊

『少年日本』と改題が決まり、こんどこそと一念発起《いちねんほっき》で飛び回っていたある日、いつもの下車駅・水道橋で、私はプラットホームに並んでいるいくつかの広告のなかに『少年日本』の広告を発見した。片すみの小さな広告であったが、私はうれしかった。戸田社長がたいへんななかを出してくれたにちがいない。胸が熱くなり、しばらく私は広告に見とれていた。

十月号を「大躍進号」と銘打《めいう》った。表紙は当時盛《さか》んだった少年野球の絵を使い「面白《おもしろ》く為《ため》になる」と刷《す》り込んだ。山岡荘八、野村胡堂《こどう》氏の小説もいただき、内容も原子力時代の到来を予想し、少年に人気のあった小松崎茂氏の画を入れるなど、精《せい》いっぱいの工夫《くふう》をこらした。私自身、山本伸一郎《やまもとしんいちろう》のペンネームでペスタロッチ等の伝記を書いたものである。教育者ペスタロッチには、その無私《むし》の教育への情熱に、以前から感銘《かんめい》をうけていたのである。

十月号につづく企画も練《ね》って、詩人の西条八十《やそ》氏にも依頼にうかがった。「少年たちに偉大なる夢を与えきれる詩を、ぜひ書いてください」とお願いした。性急な言い方であったろう。しかし西条氏は発言の意をくみ取ってくださった。しげしげと私を見つめ「偉大なる夢、いい言葉だ」と原稿執筆《しっぴつ》を約束してくれた。

昭和二十四年(一九四九年)といえば下山事件、[*1]三鷹事件、[*2]松川事件[*3]とあいつぎ、混沌《こんとん》の色を濃くした年であった。青年としてなにか行動を起こさなくては、との強い衝動《しょうどう》に駆《か》られていた。私は少年少女に希望と勇気を与える雑誌づくりに力《ちから》を注《そそ》ぐことに、未来を開くたしかな手応えを感じていた。

社の経営の危機《きき》は、直接タッチしていなくとも、わかり過《す》ぎるほどわかっていた。とめどもないインフレ。その抑止のためのドッジ・プラン[*4]によるデフレ。経済の振幅《しんぷく》の激しい波のなかで、中小企業の経営は木《こ》の葉《は》のように、どこも揺れていたころである。

出版の先行きが暗くなりだしたころから、戸田先生は「時代が時代だ。経済面にも力《ちから》を入れなければいけない」と言われていた。それは戦前から信用の残っている金融で経営基盤《きばん》を安定させる以外にない、との考えであったのであろう。すでに二十三年の暮れには東京建設信用組合の認可《にんか》を得ており、戸田社長は組合の専務理事でもあった。

秋深まった十月末であった。『少年日本』の売れ行きも思わしくなく、ついに廃刊と決まった。全精魂《ぜんせいこん》を傾《かたむ》けた仕事である。自転する地球が急停止したような気持ちであった。戸田社長の事業は、いよいよ険《けわ》しい坂にさしかかっていたのである。

私の少年少女にかけた編集の夢はくずれ去った。ちなみに『少年日本』十月号の編集後記に私は「いよ〳〵『少年日本』が新天地にむかい第一歩をふみだしました。（中略）新しい世界を築き上げる少年に、力強《ちからづよ》く豊かな気持《きもち》を抱《いだ》かせる様《よう》、希望して居《お》ります」と書いている。それもはたせないままの休刊であったが、いま思えば、私が少年少女に次代《じだい》を託《たく》した夢は、私の創立した創価学園や創価女子学園[*5]で、教育の場をとおして実行に移されているし、近く創価幼《よう》稚園《ちえん》、小学校も設置する予定[*6]になっている。

出版事業を断念した戸田社長は、前年発足《ほっそく》した信用組合のほうも傾斜《けいしゃ》しはじめていたので、次の事業計画をしきりに練《ね》っておられた。このとき、戸田先生は厳然《げんぜん》と言い切られた。「私は事業に負けたが、人生に負けたのではない」と。不屈《ふくつ》の信仰による人生を教えられた言葉であった。

私は悔《くや》しさのなかで恩師を思った。その夜、日記に大要こう書いた。

――先生の行くところ、私はどこへでもついていく。そう思えば、社員の、あわてふためいている姿《すがた》は、滑稽《こっけい》にみえる。

多くの社員が次の職場を探《さが》しはじめていた。そして先生を厳しく批判しはじめた。ともかく、私は一人でひたすら出版の残務整理に励んだ。なによりも休刊を詫《わ》びねばならない。西条氏の原稿もとうとう使わずじまいになったが、いまも感謝をしている。

この稿《こう》を書きながら『少年日本』の十月号に目を通した。これには画家の三《み》芳悌吉《よしていきち》さんに「南瓜《かぼちゃ》の馬車で」という小説の挿絵《さしえ》をいただいている。三芳さんは、その後、私の小説『人間革命』の挿絵を最初から今日にいたるまで長いあいだ、担当してくださっている。なにかの縁《えにし》を感じ、しみじみとした思いが浮かぶ昨今である。

＊1　昭和二十四年（一九四九年）七月六日、行方不明となっていた国鉄（JR）の下山定則総裁が常磐線綾瀬駅付近で轢死体（れきしたい）として発見された事件。
＊2　昭和二十四年七月十五日、国鉄の三鷹駅に停車していた無人列車が暴走し、死者六人ほか重軽傷者を出した事件。国鉄の人員整理への反対者による犯行とされ、主犯一人が死刑判決を受けた。

＊3　昭和二十四年八月十七日、東北本線松川駅付近で列車が転覆し乗務員三人が死亡した事件。人員整理に反対する共産党員等の犯行として二十人が起訴されたが、裁判で全員の無罪が確定した。

＊4　ドッジ・ラインとも。昭和二十四年、ＧＨＱ（連合国軍総司令部）経済顧問のジョセフ・ドッジが日本経済の自立・安定のために勧告し実施された政策。財政金融引き締めを柱とした。

＊5　創価学園（中学・高校）は昭和四十三年（一九六八年）、東京・小平市に男子校として創立。創価女子学園は同四十八年に大阪府交野市に開設された。東京・大阪とも同五十七年に男女共学に移行し、女子学園は関西創価学園（中学・高校）に名称変更。

＊6　創価幼稚園は昭和五十一年（一九七六年）四月、札幌に開園。東京創価小学校は同五十三年四月、東京・武蔵野の地に開校。

給料なし

『少年日本』の廃刊とともに、私はそれまでの雑誌編集とまるで畑ちがいの信用組合の仕事につくことになった。好きな編集の仕事はつづけたかったが、事情が許さなかった。金融というのは私の性に合っていない、いわば最もきらいな仕事であった。それでも戸田社長が必要とし、断行《だんこう》された以上、恩師の再起のために、全力を尽くした。

当時、東洋商業を卒業してから、私はともかく将来のことを考えて、大世学院《たいせいがくいん》*1に行き、同じく夜学に通《かよ》っていたが、それさえも困難な状況となってきた。

昭和二十五年（一九五〇年）の正月であった。私は恩師に呼ばれた。先生は事業がたいへんなことを説明され、君が頼《たよ》りだと言われた。また、苦労をかけさせてすまぬ、とも……。生涯《しょうがい》をこの人とともにと決めて立った私には、もったいない言葉であったが、師はつづけて「仕事も忙《いそが》しくなるので、ついては夜学のほうも断念してもらえぬか。そのかわり、私が責任もって個人教授しよう」との話をされた。

私は、大世学院《たいせいがくいん》をやめたが、以来、先生は仏法《ぶっぽう》はもとより、人文、社会、自然科学、経済をはじめ、礼儀作法《れいぎさほう》、情勢分析、判断の仕方、組織運営の問題など、すべてを教えてくださった。

後日、富士短大から連絡があり、教授会の決定にもとづいて論文の提出によって私は卒業となった。各科目ごとに論文のテーマが出されたわけであるが、そのテーマは「日本における産業資本の確立とその特質について」（経済史）、「自由民権思想の諸内容」（政治思想史）などであった。

ともあれ、戸田社長のもとで働くこと自体が教育であったといってもよい。

先生の言々句々《げんげんくく》は、私という人間行動の基底部《きていぶ》にいつもあり、それはわが生命に刻印《こくいん》された無形《むけい》の財産となっているのである。

さて信用組合の仕事のほうも、順調ではなかった。資金繰《ぐ》りが苦しくなり、ついに二十五年の八月に業務停止となった。出版事業の断念から一年をたたずして、信用組合も挫折《ざせつ》したのである。残ったものは、当時の金額にして七千万円を超えた負債のようであった。債権者は連日のようにやってきた。

戸田社長の憂慮《ゆうりょ》は大きかった。なかでも事業の挫折が、会員の信仰に動揺《どうよう》を与え、学会の再建が遅れることを、最も恐れていたにちがいない。どんな厳しい状況になろうとも、恩師は学会の前途《ぜんと》を、瞬時も忘れなかった。西神田《にしかんだ》の事務所は、つねに戸田先生の指揮する再建の本陣であり、講義も引きつづき行《おこな》われていたのである。

私は、私の人生の前途《ぜんと》は、どうなってもよいと決めていた。ひとたび選んだ信念の道である。どこまでも私はその道を走りつづけることしか念頭《ねんとう》になかった。恩師は毎日が身を切り刻まれるような逆境《ぎゃっきょう》のなかでも、第一線の座談会《ざだんかい》に出席していた。そして、一人一人の市井《しせい》の庶民《しょみん》の輪のなかで、足下《そっか》の細かな問題から、人それぞれの悩みに親身に応じていた。

八月の業務停止からまもなく、給料は遅配《ちはい》から半額支払いになり、やがて無配となっていった。一人去り、二人去りして、残った社員は、私のほか二、三人となってしまったのである。私自身、ワイシャツ姿《すがた》で晩秋を過《す》ごさねばならなかったのは、このころ、二十五年の秋霜《しゅうそう》の時である。私は当時、両親のもとを出て大森新井宿《あらいじゅく》（大田区）のアパートに小さな部屋を借りていた。森ケ崎《もりがさき》の自宅からの出勤が不便だったことにもよるが、厳しい環境《かんきょう》にあえて身をおき、自己《じこ》を鍛錬《たんれん》しようとの気持ちがあったからである。

悪いときには悪いことが重なるもので、そのころの私は、体調をますます悪くしていた。背中にいつも痛みがあり、くる日もくる日も三十九度近くの熱を出した。それでも私は気力だけで動いた。恩師と事業打開の糸口を求めて埼玉県の大宮方面に出かけ、不調に終わって、川の流れに沿っての帰路のことであった。

終戦直後の暗い世相のもとで「星の流れに……こんな女に誰《だれ》がした」（清水みのる作詞『星の流れに』）という歌が流行したものだが、私はその歌詞をもじって、ふとユーモアをまじえながら「こんな男に 誰がした」と歌ったのである。星が冷たくまたたいていた、美しい師走《しわす》の夜だった。

すると戸田先生が振り返られて「おれだよ」と言って屈託《くったく》なく笑われた。生きるか死ぬかのような、苦境の時である。私は「おれだよ」の一言に熱いものを感じた。どんな自分になろうと、私はついていこう。感動の思いが五体を走った。師は冬の嵐のように厳しく、また春風のように暖《あたた》かくもあった。

＊1 昭和十八年（一九四三年）、高田勇道が創立した実務教育機関。戦後の同二十一年「大世学院」の名称になり、同二十六年に富士短期大学、後に東京富士大学となった。

苦闘《くとう》の日々

いつ冬が来て、いつ春が訪れたのか――それさえも判然としない苦闘《くとう》の日々がつづいていた。大森のアパートへの帰宅は、ほとんど深夜であった。そこは私の青春の軌跡《きせき》の日々を刻んだ場所である。

体がいよいよおもわしくなくなった私は、頬《ほお》がこけ、あご骨が出た顔を、兄のかたみとなった鏡の破片に映《うつ》しては、よく母を思ったものだった。母は私が家を出たあとも、家の者に言って外食券を届けてくれたり、配給の品や菓子などを持ってきてくれた。洗濯物《せんたくもの》はどうか、などと陰でなにかと心を配ってくれたようである。

給料ももらえず、アパートの一室でたくあんだけの夜食をとり、靴下のほころびをつくろう。熱にうなされ、目がさめる。発熱して腕にキラキラと光る汗をかいた夜が、いくたびもあった。これが二十二、三歳の私の青春の一面でもある。

一日の快《こころよ》い疲労を願ってもかなわぬ体で、アパートの一室へ帰った私の、当時のひそかな楽しみは、読書であり、またあまり音のよくないレコードの曲に独り静かに耳を傾《かたむ》けることだった。ホイットマンの『草の葉』をよく読んだ。神田《かんだ》の書店でなけなしのお金をはたいて求めたものである。新世界をうたうこの民衆詩人との対話に、私は慰《なぐさ》めよりも勇気を求めた。「寒さにふるえた者ほど太陽の暖《あたた》かさを感じる。人生の悩みをくぐった者ほど生命の尊《とうと》さを知る」とのホイットマンの一句は、私の心境《しんきょう》でもあった。

狭い一室に「運命」の交響曲《こうきょうきょく》が響《ひび》きわたる。私はその荘厳ともいえる音律のまっただなかにわが身をまかせて聴《き》き入った。清々《すがすが》しい凜然《りんぜん》とした思いが五体に噴《ふ》き出るような感じを、私は愛したのだった。体の不調と戦い、事業の苦境とさし向かう健気《けなげ》な毎日だったといえるが、私の若き精神の空間は、このとき、北向きの狭い四畳半の一室を越えて、未来十年、二十年の希望の明日を呼吸していたのである。

しかし現実は厳しく、状況は遅々《ちち》として好転しなかった。昭和二十五年（一九五〇年）の十一月、創価学会の第五回総会で戸田先生は理事長を辞退《じたい》していた。信用組合の業務停止から三カ月、事態は好転せず、恩師は事業の失敗の責任が、学会に及《およ》ぶことを深く憂《うれ》い、辞任されたのであろう。しかし、どうなろうと私にとっての師は先生しかいなかった。

私はせめてもの決意を歌に託《たく》して先生に差し上げた——。それが「古《いにしえ》の　奇《く》しき縁《えにし》に　仕《つか》えしを　人は変《かわ》れど　われは変らじ」であり、私の唯一の励みは、先生の返歌「色は褪《あ》せ　力《ちから》は抜けし　吾《わ》が王者　死すとも残すは　君が冠《かんむり》」であった。

戸田先生も考えていたようであったが、私も心ひそかに三十歳まで体がもたないのでは、と危惧《きぐ》することがあった。体が弱くては、これからの労作業には、道が開けない。これが最大の悩みであった。あるとき、血を吐《は》いたことを先生に見つかってしまったのである。先生は真剣な顔で私の体をさすってくださった。「若いのだから、生き抜くのだ。死魔と戦うのだ」と言われた。いま思えば、こう厳しく叱咤《しった》することによって、私の弱々しい心を打ち破ってくださったにちがいない。

このころは、先生の生活も窮《きゅう》しており、お好きな酒も、財布を気にしながら、焼酎《しょうちゅう》のコップ酒ですまされていた。ある日、来客があり先生は久しぶりに日本酒を多く飲まれたことがある。私にも飲めという。

私は酒は大の苦手で、いまでもそうである——このあいだの訪ソのさい、作家のショーロホフ氏と対談したが、氏が飲むようにと頑《がん》としてきかず、大いに弱ったものである。

私は、思いきって息《いき》をつめてグイと飲んでしまった。あとで聞いたところ、先生は「肺病《はいびょう》というのは十分に寝て食欲を旺盛《おうせい》にすればかならず治《なお》る。飲めば自然に眠《ねむ》くなって休めるし、食欲もわくだろう」と、話されていたという。ありがたい師匠《ししょう》であった。

いつのまにか冬が来て二十五年は暮れ、二十六年となった。その間、戸田先生は新たに大蔵商事という会社を設立された。私はその営業面を担当した。西《にし》神田《かんだ》から新宿の百人町《ひゃくにんちょう》に移った事務所の小さな庭にも、若芽が出るころとなった。冬は一挙に春になった。

学会はこの年、いよいよ飛躍《ひやく》のときを迎えたといってよい。信用組合の整理が好転し、四月には機関紙「聖教新聞」が創刊された。五月三日、戸田先生は第二代会長に就任《しゅうにん》する。そして七月の男子部、女子部の結成となり、その若い力《ちから》が運動の進展を担《にな》った。まさに新生の夜明けが到来し、私も広宣流布《こうせんるふ》という平和文化運動に颯爽《さっそう》と出発したのである。

若い結婚

妻が、私の目の前に一人の若い女性として急に浮かび上がってきたのは、昭和二十六年（一九五一年）の夏である。新潟鉄工所時代、荏原《えばら》中学校の学徒動員で来ていた白木という学生がいた。その後、彼の家が戦前からの会員であることを知った。ある会合の帰路、彼は「妹です」と言って、彼女を紹介したのである。当時、彼女は都心の銀行に勤《つと》めていた。やがて幾度《いくど》となく顔を合わせることが多くなった。七月のある日の夕暮れ、私は学会員宅で予定されていた会合に飛び込んだ。そこには彼女が一人だけいた。戸外では雷鳴が遠く近く鳴りひびき、静寂《せいじゃく》な部屋の中は二人だけの沈黙《ちんもく》が支配していた。

二十三歳という青春の脳細胞の仕業《しわざ》であったのであろうか、私は、かたわらにあったワラ半紙に、一片の抒情詩《じょじょうし》を書いて渡した。

「吾《わ》が心　嵐に向かいつつ

吾が心　高鳴りぬ……」

夢中《むちゅう》だったにちがいない。紙片が広げられようとしたとき、私はそれを押し止め、「あとで……」と言い添えた。彼女はハンドバッグに素直《すなお》にしまいこんだ。

彼女との文通が始まった。活動の場が近かったということもあって、多摩川の堤《つつみ》を二人でよく歩いた。夕焼け雲は赤く、微風《びふう》は心爽《さわ》やかであった。矢口の渡しから対岸へ一艘《そう》の舟が向かう。静かな川の流れは、波打つ岸辺の草を洗い、小鳥たちが宿を探《さが》して飛んでいく。日が暮れ、宵闇《よいやみ》が迫ってくる。

だが、遊戯的《ゆうぎてき》な安易さはなかった。アンドレ・モロワの結婚訓に「結婚に成功する最も肝要《かんよう》な条件は、婚約の時代に永久的な関係を結ぼうとする意志が真剣であることである」（『結婚・友情・幸福』河盛好蔵訳、新潮社）とあるが、二人とも幾多《いくた》の苦難《くなん》の坂も励まし合って進もうと語り合った。私は聞いた。生活が困窮《こんきゅう》していても、進まねばならぬときがあるかもしれない。早く死んで、子どもと取り残されるかもしれない。それでもいいのかどうか、と。彼女は「結構です」と、微笑《ほほえ》みながら答えてくれた。

私ども二人の心中を訊《き》かれた戸田先生は、双方の親への了解をとってくださることになった。夏が過《す》ぎ、秋も去った冬の寒いある日である。戸田先生は、一人で蒲田《かまた》の私の実家をわざわざ訪問してくださった。頑固一徹《がんこいってつ》の父は、初対面であったが、家を出た息子が師事《しじ》しているという磊落《らいらく》な紳士《しんし》を尊敬して迎えたようである。私はその場に居合わせなかったが、戸田先生は「息子さんを私に下《くだ》さらんか」と言われたという。父はしばらく考え込んでいたそうだが「差し上げましょう」と答えた。

この父の返事は珍しい。というのは、私は、小さいころから五、六軒の家から養子《ようし》にくれと言われたことがあったようだが、そのつど、強情《ごうじょう》さまの父は、一言のもとに「とんでもない」とはねつけてきたからである。きっと戸田先生の人格が、自然に父から快諾《かいだく》の言を引き出してしまったのであろう。戸田先生が、そこで「じつは、良い縁談があるのだが……」と切り出されると、父は「息子はいまあなたに差し上げたばかりです。どうなりと」と返した。

話は進み、市谷《いちがや》にあった創価学会の旧分室の近くの寿司屋の二階で、双方の親を呼んで、見合いをしてくださった。話は進行していたのであるから、これは「見合い」というより「家族同士の顔合わせ」といったほうが正確であるかもしれない。強情《ごうじょう》さまは、息子の〝嫁〟がなかなか気に入ったようであった。

昭和二十七年――この年は戦後七年にして単独講和ながらも講和条約が発効された年である。五月一日、皇居前広場では、いわゆる「血のメーデー事件」*1が起こり、世情は騒然としていた。その二日後、快晴《かいせい》の五月三日であった。ちょうど一年前、戸田先生が会長に就任《しゅうにん》された意義ある日であった。この日、私たちは、式を挙げた。ごく近しい身内のものだけで、五十人もいなかったと思うが、簡素な式であった。私は二十四歳、妻は二十歳になったばかりである。恩師は心温まる祝辞《しゅくじ》を下さった。「男は力《ちから》を持たねばならない。妻子に心配をかけるような男は社会で偉大なる仕事はできない。また、新婦に一つだけ望みたいことがある。それは、主人が朝出掛《でか》けるとき、晩帰ったときには、どんな不愉快《ふゆかい》なことがあっても、にっこりと笑顔《えがお》で送り迎えをしなさい」と。妻は、いまにいたるまで、この日の言いつけを守ってくれているようで私は感謝をしている。

目黒の借家《しゃくや》の一室に住むようになったが、後に私が地方へ行ったりして家をあけがちなので、妻の実家である白木の家に近いほうがいいということになった。それで大田区大森の山王《さんのう》にアパートを借りて一時住むようにしたが、やがて、小林町《こばやしちょう》(大田区)にささやかな家を月賦《げっぷ》で購入し、そこで十数年を送るようになった。高価な家具などなに一つなかった。

その後、環状《かんじょう》八号線拡張《かくちょう》による区画整理のため、この小林町の家も大部分とり払われることになったので、四十一年九月、新宿区信濃町《しなのまち》の本部近くに転居《てんきょ》した。一昨年（四十八年）、会合からの帰途、昔のわが家に寄ってみた。ほとんど車道になっていてその跡はなかったが、懐《なつ》かしかった。

＊1　サンフランシスコ講和条約・日米安保条約発効直後の昭和二十七年（一九五二年）五月一日、皇居前広場で警官隊と衝突したデモ隊のうち三人が死亡した事件。

布教

戦後の混乱のただなかにいる不幸な人間群に、折伏《しゃくぶく》という布教《ふきょう》方式で向かっていく、戸田先生の姿《すがた》があった。世間《せけん》の誤解と故意《こい》の中傷《ちゅうしょう》を耐《た》え忍《しの》び、雄大な構想の一歩一歩を進められていったといってよい。たしかに大勢《おおぜい》のなかには、真剣さのあまり、非常識のそしりを受けるような行動もあったにちがいない。草創期《そうそうき》とはいえ、反省すべきは、反省しなければならないと私はいつも思っている。

昭和二十八年（一九五三年）一月二日、私は男子部の第一部隊長に就任《しゅうにん》。メンバーは約三百人であった。そのころ、昼は社に勤務しながら、夜は学会の青年部の中核として活動しつつ、大阪、仙台など地方にも本格的な行動を開始したのである。四月十九日には、第一回の男子部総会を開催。四月二十八日には、記念の法要が静岡で行《おこな》われた。

ちょうどこの日の午後であった。前日から出産の兆候《ちょうこう》があった妻は実家に帰っていたが、私あてに長男が生まれたとの電報をよこした。

戸田先生に早速報告すると、ことのほか喜んで和歌を書いてくださり、「博」と「正」の二字の横にマル印がついていた。博《ひろ》く学んで、正義《せいぎ》の人に育つようにと、「博正」と命名してくださったわけである。お祝いに、太刀《たち》を一振《ひとふり》贈ってくださった。この長男も、いまは慶応大学に在学している。妻にも、良い母になるようにと「かね」から、「香峯子《かねこ》」に変えては、と名をいただいた。

名前のことといえば、私のもともとの名は「太作《たいさく》」である。昔気質《むかしかたぎ》の親が太く大きく丈夫《じょうぶ》に育ってもらいたいとの願いをこめてつけたらしい。

だが、小学校のころから、兄弟や友だちが私のことを「ダイ!」「ダイちゃん！」と呼ぶようになった。身体の小さかった私に「ダイ（大）」と、正反対の言葉をいい、多分にからかう気があったように思われる。いずれにしても自然のうちに「ダイサク」で統一されてしまっていた。

たまたま戸籍謄本《こせきとうほん》を取り寄せることがあって、名を見ると「太作《たいさく》」とある。これで「ダイサク」と読むのも読みにくいというわけで、戸籍《こせき》でもいまの「大作」に改名したしだいである。

東奔西走《とうほんせいそう》の日がつづいた。体の調子が悪く、極度の疲労がつづく日々であった。このころの日記には体の具合《ぐあい》が悪いとよく出てくる。「背中に、焼けたる鉄板を一枚入れたるが如《ごと》し」とか「焼けたる木を、一枝、胸中に入れたる感じなり」（二十八年二月四日）、などと書いてある。

翌二十九年にもこの状態はつづき、「身体の調子、頗《すこぶ》る悪し。……激痛、続く」（四月五日）。だが、私は、自己《じこ》との妥協《だきょう》はできない情勢になっていた。

地方へ出かけていく回数も多くなっていった。北海道は、戸田先生の故郷。

私が初めて千歳《ちとせ》の空港に降りたのは、昭和二十九年八月十日である。先生に同行して二人しての空の旅であった。当時、機内では禁酒とのこと。先生は、苦しいな、とニッコリされていた。

八月中旬のある日、札幌の旅館を正午近くに、ハイヤーで出発。先生と奥様と私が同乗。山道を砂ぼこりをもうもうとあげながら進んで約三時間。石狩川《いしかりがわ》を渡り、海岸沿いを走り、小さな漁村へ。ここが戸田先生が幼少期《ようしょうき》を過《す》ごされた故郷であった。

四十八年（一九七三年）、私は厚田《あつた》を訪《たず》ねたが、道路は整備され、札幌からは一時間に短縮されている。

一人、村のあちこちを訪ね歩いた。晴れた空に、金色の輝《かがや》きが目を射る。波は白くほほえみ、都会の喧噪《けんそう》もこの北海の浜辺にはない。大いなる自然は、悠久《ゆうきゅう》の静けさを秘めて、旅人の心を慰《なぐさ》める。私は厚田港《あつたこう》の埠頭《ふとう》に立って、恩師が語り、心を砕《くだ》く海のかなたのアジアに思いをはせ、虐《しいた》げられてきたアジアの人びとへ幸せの光はいかにしたら届くか、と思索《しさく》し、決意を固め、海に向かって叫んでいた。

その夜、一泊し、石狩鍋《いしかりなべ》をごちそうになりながら、いろいろなお話をうかがった。厚田《あつた》の村は、石狩湾に面した小さな漁村であるが、かつては、鰊漁《にしんりょう》でにぎわい、砂浜に産卵しにきた鰊の大群で、海が幾十里にもわたって白く波立ったとも……。このころより、私は、『人間革命』の構想を、少しずつ考えざるをえなくなっていた。恩師の存在——それは、私の至極《しごく》の原点であるからだ。

昭和二十九年、三十年、三十一年と、創価学会の布教《ふきょう》運動は深く広く展開されていった。

核廃絶

学会における活動が多忙《たぼう》を極めるようになってから、私は実家へほとんど帰れなかった。なにしろ全国各地を回ることが多く、自宅にすらも、なかなか帰れなかったのである。昭和三十一年（一九五六年）の暮れも押し詰まった師走《しわす》の十日であった。父が亡《な》くなった。六十八歳。心臓の老衰《ろうすい》である。

訃報《ふほう》を聞いて、その夜は十年ぶりに実家に泊まった。ことのほか寒く、長く感じられる夜だった。父は横になって皆とテレビを見ているとき、眠《ねむ》るようにして亡《な》くなったという。そんな話を聞きながら、こたつを囲んで兄弟ともども、一夜を明かした。近隣の人びとや学会の友が弔問《ちょうもん》にこられた。庭には赤々と薪《まき》が燃やされていた。

　正直のところもう少し長生きしてもらいたかった。家を出て以来、息子らしいことはなに一つできなかったように思えた。ただ一言「自分は長く不動の信仰をしてきたが、大さんのやっている法華経《ほけきょう》のほうが高いようだね」と父がもらしたことが、いまなお私の耳朶《じだ》から離れない。

亡《な》くなる三年前の二十八年、父はやはり心臓が悪くなり寝こんだ。いったんは危篤《きとく》となり、親戚が集まり、葬儀《そうぎ》の手はずも整《ととの》えられたほどであった。それが見事に持ち直し、すっかり元気になって、自分で櫓《ろ》をこいで好きな海に出るまでになった。

亡《な》くなった父の顔には、笑っているような安らかさがあった。大正《たいしょう》時代の少《しょう》壮《そう》のころは家業の海苔《のり》業は隆盛《りゅうせい》を極め、東京の高尾山《たかおさん》の信者だった一家は、そこに池田家の石碑《せきひ》を建《た》てたほど余裕《よゆう》もあった。

北海道の数十町歩の開拓《かいたく》に夢を燃やし、事業に飛び回った。その後、没落《ぼつらく》し、戦争がそれを決定的にしたが、父は強情《ごうじょう》と言われ、真《ま》っ正直《しょうじき》と言われながらも、精《せい》いっぱいに人生を生きた。晩年の日々は平凡《へいぼん》ではあったが、安らぎがあった。私は心ゆくまで回向《えこう》の題目をおくりつつ、父と最後の別れをした。庭の薪《たきぎ》が、パチパチと燃え尽きるまで音をたてていた。

告別式の日、戸田先生は「私の友人が亡《な》くなったんだ。皆で行ってあげなさい」と言われたそうで、多くの先輩、友人がきてくださった。母はそれら弔問《ちょうもん》の客に心づくしの膳《ぜん》を出した。

さすがに気丈《きじょう》な母も、入棺《にゅうかん》のときは慟哭《どうこく》した。私は美しい涙と思った。長い、楽しくもあり苦しくもあった人生の旅をともにしたその妻の姿《すがた》に、私は、せめてもの母への孝養《こうよう》を心に期したものである。

明けて三十二年は恩師が亡《な》くなられる前年だけに、忘れ難い年である。なかでも五万の男女青年が集まった九月の横浜・三ツ沢《みざわ》の競技場における「若人《わこうど》の祭典」の席上での、戸田先生の原水爆に対する遺訓《いくん》を、終生《しゅうせい》、忘れることはできない。

当時は原水爆反対の世論が巻き起こっているときだった。二十九年の三月、焼津《やいづ》のマグロ漁船第五福竜丸《ふくりゅうまる》が、ビキニ環礁《かんしょう》での水爆実験による〝死の灰〟を浴《あ》び、同年九月、無線長の久保山愛吉さんが死去された。唯一の被爆国としての使命と責任のうえからも、原水爆反対運動の高揚は当然であった。しかし、戸田前会長は、それら運動の根底にぜひともなくてはならない視座《しざ》の確立を考えていたのである。

それは原水爆、核兵器《かくへいき》を使用するものは、人間の生存の権利を侵《おか》す魔の行為者であるということであった。つまり、人間の心、内なる世界にひそむ魔性《ましょう》が権力という装《よそお》いをもって核兵器の使用に走らせるという、人間生命の深層《しんそう》を鋭《するど》く看破《かんぱ》した先生は、そのことを「原水爆禁止宣言」として三《み》ッ沢《ざわ》の競技場で強く訴えたのであった。

静かに目をつぶると、あのときの光景が鮮《あざ》やかに浮かんでくる。その日は台風一過の素晴らしい秋空であった。若人《わこうど》の多彩《たさい》な競技が終わって、閉会式のさい、戸田先生は強い、しかも肺腑《はいふ》にしみ入るような語調で「諸君らに今後、遺訓《いくん》とすべき第一のものを発表したい」と言われたのであった。その宣言は、まさに民衆の生存の権利を侵《おか》す、核兵器《かくへいき》使用の奥に隠された悪魔の爪《つめ》を明らかにするものであった。

以来この宣言は、私の耳元から離れることはない。後年、中国を訪れ周恩来《しゅうおんらい》首相、鄧小平《とうしょうへい》、李先念《りせんねん》副首相とまず語り合ったことも核廃絶《かくはいぜつ》への方途《ほうと》であり、そのことは、訪ソの折のコスイギン首相との対談でも強調した。

私はただただ恩師の遺訓《いくん》のままに、世界の平和にこの身を粉《こ》にして行動する以外にないと決めている。単純であろうが、この決意こそ、だれよりも強いことを、私は知っているつもりである。

昭和五十年(一九七五年)一月、私は国連本部を訪《たず》ね、ワルトハイム事務総長と会談した。そのさい、核廃絶《かくはいぜつ》を願う一千万署名を手渡した。これは私が青年、学生に託《たく》して運動を進め、多大な共鳴《きょうめい》と賛同を得たもので、この運動は唯一の被爆国、日本に住む人間の義務でもあり責任でもあると信じている。

権力との戦い

核兵器《かくへいき》に対する恩師の遺訓《いくん》が示された昭和三十二年（一九五七年）は、学会にとっても私自身にとっても波瀾万丈《はらんばんじょう》の年であった。

恩師が会長推戴《すいたい》の席で終生《しゅうせい》の目標として掲げた七十五万世帯は、三十二年の暮れに見事に達成され、拡大の運動の波はなお上げ潮に乗っていた。

前年の三十一年七月の参院選には学会の推薦をうけた三人が当選、三人が落選。学会がいろいろな意味で注目されだしたころでもあった。その選挙で私は大阪地方区の最高責任者として臨《のぞ》み、白木義一郎候補が第三位で当選した。当時の新聞は「〝まさか〟が実現」「予想を覆《くつがえ》す」「大番狂わせ」などと報じた。

公明党は私が創始したのだが、現在は明確に政教分離《せいきょうぶんり》している。ともかく、日本の民衆のため、福祉《ふくし》政治の実現のために、党の貢献《こうけん》を期待したい。

当時、こうして学会の伸長が明らかになると、それを阻止《そし》しようとする動きがあったことは確かである。波が大きければ抵抗《ていこう》も大きいという当然の理《ことわり》であろう。

三十二年六月のいわゆる炭労《たんろう》事件もその一つで、そのころ、最大の労組《ろうそ》であった炭労が労組員のなかに学会員が増えるようになったことを重視し、北海道炭労第十回定期大会で「組織問題として学会と対決する」ことを公然と打ち出してきた。

炭労側《たんろうがわ》は教宣《きょうせん》活動の徹底という名目で学会員の締め出しをはかり、一部には村八分的な処置《しょち》もとられた。このことは明らかに信教の自由に対する侵害《しんがい》であり、おのずから次元の異《こと》なることであろう。

私は問題の解決のため北海道に赴《おもむ》き、信教の自由を守るために戦った。札幌、

である。

私は夕張《ゆうばり》で大会を開き、炭労側《たんろうがわ》もやっと柔軟な姿勢《しせい》を見せ、一応の解決をみたので

この直前、三十二年の四月、大阪では参院大阪地方区の補選があった。私は前回と同様、責任者として指名され臨《のぞ》んだ。三十一年の選挙では、真剣さと不慣《な》れのためか、会員のなかで選挙違反を行《おこな》った人がおり、こんどこそ違反のない選挙をと、まずこれを徹底した。しかし残念なことに補選でもまたまた違反者が出た。もちろん道義的責任は感じていたが、選挙違反の容疑が私の身辺にまでおよぶとは考えてもいないことであった。炭労《たんろう》事件が一応の決着をみて私は札幌から大阪に赴《おもむ》き、みずから出頭。七月三日である。大阪地検に公選法違反容疑で逮捕《たいほ》されたのである。

札幌からの途中、乗り換えのため、羽田空港で若干の余裕《よゆう》があった。戸田先生はたいへん心配され、わざわざ羽田まで出向いておられた。七月三日は、奇《く》しくも恩師が終戦直前の二十年の同じ日、二年間の獄中《ごくちゅう》生活を終え出獄《しゅつごく》された

日である。偶然ではあろうが、恩師の出獄と私の勾留《こうりゅう》の日が重なった奇《く》しき縁《えにし》を思った。

勾留《こうりゅう》は十五日間に及《およ》んだ。私に対する検察側のねらいは、戸別訪問教唆《きょうさ》をむりやり認《みと》めさせることにあったことは、明らかであった。当局が言ういきさつこそ、まったくの勝手なデッチ上げという以外になかった。

取り調べは苛烈《かれつ》であった。手錠《てじょう》をかけられたまま屋外に連れ出され、晒《さら》し者のようにされたこともあった。いかに厳しくとも、私はどこまでも耐《た》える以外になかった。

しかし「認《みと》めなければ戸田会長を逮捕《たいほ》する」とか「学会本部の手入れをする」といった脅迫《きょうはく》まがいの言辞《げんじ》は断じて許せなかった。

無道な当局である。もし戸田先生が逮捕されたらどうなるか、三十二年といえば逝去《せいきょ》の前年であった。体はすでに相当に衰弱していたことを、私はだれよりも知っていた。そしてもし学会本部が捜査されたら……なにも真実を知らない会員はどうなるか。一人獄中《ごくちゅう》にいての苦衷《くちゅう》は、言葉にはとうてい、言い表せないものがあった。

私は悩み、考えたあげくS主任検事に面会を求め調書に応じた。まったくいわれない無実の罪であったが、このことは裁判の公開の席でかならず判明するにちがいない。処分保留のままの釈放は十七日昼。起訴は戸別訪問教唆《きょうさ》の容疑で二十九日にされた。大阪拘置所《こうちしょ》を出たとき、親しい友人が数多く出迎えてくれた。その日の午後、来阪してくれた恩師は「裁判長がきっとわかってくれる」と言われた。

裁判は四年半の長きにわたった。裁判記録にすべては明白である。大阪地裁の判決公判は会長に就任後《しゅうにんご》の三十七年一月二十五日であった。結果は言うまでもなく無罪である。

「被告人池田大作は無罪」の田中勇雄裁判長の判決主文を耳にして、私は当然のことと思ったが、みずからに言い聞かせた。私だからこそ、ここまで戦えた、と。多くの市民は、不当な権力に苦しめられてきた。戦前は、もっと多かったにちがいない。胸がはちきれそうな思いがした。

私は心の奥底《おうてい》で、生涯《しょうがい》、不当な権力に苦しむ民衆を守り、民衆とともに進もうと決意せざるをえなくなっていった。

恩師逝《ゆ》く

二月は厳寒の季節――。この凍《こお》りつくような月の十一日は、戸田先生の誕生日である。先生逝《ゆ》いて、十七年、いまも私の家では、毎年、この日に赤飯などを炊《た》いて祝う。私にとっても、また妻にとっても、生涯《しょうがい》にわたる師であるからである。

四月二日は、先生の命日。昭和三十三年（一九五八年）のこの日は、私の人生にとって、決して忘れることのできない、永遠の歴史の日となった。体が極度に衰弱された先生は、静岡での式典で指揮をとっておられたが、四月一日、帰京され、日大病院へ入院された。二日夕刻、私は信濃町《しなのまち》の旧学会本部で、首脳と連合会議を開いていた。

午後六時四十五分、私に、病院から先生の子息・喬久《たかひさ》君より電話との知らせ。私は立った。受話器の向こうから、落ち着いた語調で「ただいま、父が亡《な》くなりました」と――。愕然《がくぜん》。この一瞬の思いは、筆舌には尽くせない。師の逝去《せいきょ》――こんな悲しみが世の中にあろうか。断じて後にも先にもない。また、これからも、決してないであろう。厳父《げんぷ》であり、慈父《じふ》であり、私にとってはいっさいであった。

「先生、お休みなさい。お疲《つか》れだったことでしょう」

ご遺体《いたい》にあいさつ。私の脳裏《のうり》には、師が亡《な》くなる前日四月一日の刻々の状況が、走馬灯《そうまとう》のように浮かんでは消えていった。

午前一時四十分、先生を東京にお連れする準備。午前二時、宿坊の二階より出発。フトンのまま。「先生、出発いたします。私がお供《とも》いたします」と申し上げると、「そう、眼鏡《めがね》、眼鏡」と言われた。担架《たんか》にて車に。奥様と医師同乗。二時二十分、月おぼろにして、静寂《せいじゃく》な田舎道《いなかみち》を、沼津《ぬまづ》駅へ。三時四十五分、沼津《ぬまづ》駅に到着《とうちゃく》。四時十五分発急行「出雲《いずも》」に乗る。「先生、これで安心です」と申し上げたところ、「そうか」との微笑《びしょう》が忘れられない。早朝、六時四十五分、東京駅着。一睡もせず。日大病院へ……。そして、二日を迎えて――。

師は逝《ゆ》き、残った弟子《でし》たちは、寂《さび》しく、悲しんだ。自分たちのはてしない悲しみに思いをいたし、茫然《ぼうぜん》とするのも当然であったにちがいない。しかし、私は次の時代展開への誓《ちか》いをはたさねばならなかった。

戸田先生は、亡《な》くなる少し前の二月、私を自宅に数回呼ばれ「私の後をいっさいやるように」と言われた。そこで三十三年三月一日より、私は学会本部に常勤するようになり、以後、実質的な指揮をとらざるをえなくなっていた。

初七日のとき、詠《よ》んだ歌は――。「恩師逝《おんしゆ》き　地涌《じゆ》の子等の　先駆《せんく》をば　われは怒濤《どとう》に　今日も進まむ」。この色紙は、いまも自宅に掲げている。思えば、二十三年から十年間、朝となく夜となく、それこそたたき込まれるようにして薫陶《くんとう》を受けた。その指導は峻厳《しゅんげん》であり、惰弱《だじゃく》を許さなかった。あの調子であと二、三年つづいたら、私自身がまいってしまったかもしれない。

先生は、よく朝早く起きて、フトンのなかで、一時間、二時間の思索《しさく》に耽《ふけ》っておられた。ある日などは、朝の四時ごろ、電話がかかってきて、すぐ来るようにということである。タクシーにとび乗って飛んでいったものだ。四六時中、思索をされていたのであろう。

お酒は好きであったので、忘年会などの宴《えん》も半ばになると、洋服を裏返しに着て、ノリヒゲをつけ、帽子《ぼうし》を逆にかぶり、ほうきを持って踊《おど》られた。皆は大喜びで喝采《かっさい》をしていたが、その直後、まったく次元の異《こと》なったことなのであろう、毅然《きぜん》と眼光鋭《するど》く、なにやら一人で思索《しさく》をされている厳しい姿《すがた》もよく見られた。辛労《しんろう》のかぎりを尽くして、未来の構想に心を砕《くだ》かれていたにちがいない。

戸田先生と恩師・牧口常三郎《まきぐちつねさぶろう》*1初代会長とのあいだを仏法《ぶっぽう》が結んだ師弟《してい》の道

は、強靭《きょうじん》な永遠の絆《きずな》であった。先生が、師の遺志《いし》をはたすべく、敢然《かんぜん》と権力の魔性《ましょう》に挑《いど》まれたのは――獄中《ごくちゅう》で、判事から、牧口会長の獄死《ごくし》を聞かされたときかと思われる。私も、及《およ》ばずながら恩師の死を機に、師の偉大な構想を実現することを誓《ちか》った。私は、私なりに全精魂《ぜんせいこん》を尽くして、一直線に進んできたつもりである。

＊1　創価学会初代会長。一八七一年～一九四四年。新潟県生まれ。北海道に育ち、教育の道に進む。小学校長を歴任。児童・生徒のための教育改革を目指し、昭和三年、創価教育学会を創立。太平洋戦争中、時の軍部政府の弾圧を受け、獄死した。

第三代会長

「わしの死んだあと、あとは頼むぞ」との戸田先生の遺言《ゆいごん》が胸奥《きょうおう》に轟《とどろ》き、響《ひび》きわたる。恩師から受けたかぎりなき薫陶《くんとう》は、私にとって、なにものにも代《か》えがたい。思索《しさく》に思索の針はとまらず、遅くまで起きている日もつづく。昭和三十三年（一九五八年）六月、創価学会の初の総務に。そして学会建設への激務と激動が、日々の回転のなかに織《お》りこまれていった。ともかく布教《ふきょう》と組織拡大に全国を駆《か》けずり回ったことは言うまでもない。

風、月、緑の北海道。大波のなかに浮かぶ佐渡《さど》。詩情《しじょう》あふれる京都へ。また炭鉱のボタ山に現実社会の貧《まず》しさを思う九州へ。豊橋《とよはし》、大津《おおつ》、福井、福知山《ふくちやま》、岐阜《ぎふ》と五日で駆《か》ける日程。はてしなき強行軍はつづいた。大阪、名古屋、仙台……。一日、一日が大事であった。

こうして一年が過《す》ぎ、二年が過ぎようとしていた。私にとっては、困ったことが起きてきた。周囲から、創価学会の第三代会長にとの声があがってきたのである。私は、何回も断《ことわ》った。

しかし、結局は、押しきられてしまった。昭和三十五年（一九六〇年）当時の日記には、その間の事情が記《しる》されてある。「全幹部の意向なりと、また機熟《じゅく》したので、第三代会長就任《しゅうにん》を望む話あり。……我儘《わがまま》なれど、きっぱり断《ことわ》る。疲《つか》れている」（三月三十日）。「本部にて、遅くまで臨時理事会《りんじりじかい》を開催。第三代会長の推戴《すいたい》を決定の由《よし》、連絡を受く。丁重《ていちょう》にお断りする」（四月九日）。「午後、……第三代会長就任への、皆の強い願望の伝言あり。私は、お断りをする」（四月十二日）。

十四日になって、とうとう断《ことわ》ることができなくなり、やむなく、承認の格好《かっこう》となってしまった。この日の日記には「万事休《ばんじきゅう》す。……やむをえず。やむをえざるなり」とある。

五月三日、東京・両国《りょうごく》の日大講堂で創価学会第三代会長に就任《しゅうにん》。会長になることはいやでいやでたまらなかったが、就任した以上は、全責務を全《まっと》うしなければならない。だが、体がどこまでつづくか。当時三十二歳の私に課せられた課題はあまりにも大きかった。

その夜、大田区小林町の自宅に帰ったところ、ささやかながら赤飯でも炊《た》いていてくれるのかとも思っていたが、何も用意はされていなかった。「きょうからわが家には主人はいなくなったと思っています。きょうは池田家の葬式《そうしき》です」というのが妻の言い分であった。実際、妻や三人の息子たちにとっては、五月三日は〝葬式〟といってもよかろう。かつては、月に一度か二カ月に一度ぐらいは、妻を連れて映画などに出かけることもできたが、そんなことはできなくなった。夕方、家に帰り、ひとフロ浴《あ》びて家族団欒《だんらん》の夕食をともにすることも人生の楽しみの一つとは思ってはいるものの、あれやこれやと、なかなかくつろいだ機会はもてなくなった。三人の男の子の教育は、妻まかせであるが、幸《さいわ》い皆、健康に伸びのびと育ってくれているようである。

旅先の京都から、小さいカブトを長男におみやげとして買ってきてやったことがあるが、毎年、節句の日には、そのおもちゃのようなカブトがわが家には飾《かざ》られていた。子どもたちは、留守がちな父親が知らないうちに、いつのまにか大きくなっていた、というところである。

それでも、父親の面目《めんぼく》を大いにほどこしたことがある。長男が幼稚園《ようちえん》にあがるときである。妻のおふくろが、道を歩きながら、聞いた。「家のなかでだれが一番好きか」と。おばあちゃん子なので、かなり自信があっての問いであったらしい。ところが、長男が答えるには「パパ」ということであった。「その次は」には「ママ」。三番目にやっと「おばあちゃん」という答えが出てきて、こんなに朝から晩までかわいがって面倒《めんどう》みてやっているのに、と妻のおふくろがたいへん悔《くや》しがっていたと聞いた。

現在、上の二人が大学へ、下の一人が高校へ行っている。子どもの意思をそれぞれ尊重《そんちょう》していくというのが父親の教育方針であり、母親は平凡《へいぼん》でも健康で暮らしていってもらいたいと願っているようだ。

ある婦人雑誌の正月号(四十九年)に「子供に託《たく》して」[*1]と題して一文を寄せたが、最後に私は書いた。「彼らにもやがて恋人ができ、結婚するでしょう、そのときに私はただ一言いいたいのです。『パパのことはいい。ママだけは大切にしてあげてくださいよ』と」。それは、〝五月三日〟を、〝わが家の葬式《そうしき》〟と感じ、以来、いつも微笑《びしょう》を絶《た》やさないで尽くしてきてくれた妻への償《つぐな》いの心である。

＊1　婦人雑誌には「わが子に託(たく)して」との題で寄稿。

人材を育てる

私が会長になった当時は、創価学会も現在のような社会的存在には遠く、多くの人びとは関心もなく、またその名もよく知られなかったように思われる。さまざまな風評で見られてもいたようだ。信濃町《しなのまち》の学会本部の目と鼻の先に、いまは故人《こじん》となられた元総理・池田勇人《はやと》氏が住んでおられたが、隣近所へのあいさつということもあって、訪《たず》ねたことがある。

氏は「会長さんになられたって……。この町の青年会の会長さんですか。まあ、同じ池田ですから仲良くやりましょう」と言われていた。同姓の池田氏に他意はなかったのであろうが、この〝青年会の会長〟という言葉は至言《しげん》であった。ある意味で創価学会の存在イメージは、このようなものであったといってよい。また、事実、私も「若輩《じゃくはい》ではございますが、本日より……」と総会で就《しゅう》任《にん》のあいさつをしたごとく、三十歳を幾《いく》つか過《す》ぎた文字どおりの青年会長であった。あれから十五年たったいま、私は四十七歳になったが、生涯《しょうがい》、青年という気持ちに変わりはない。

私は、会長就任《しゅうにん》の日の総会で、戸田前会長の七回忌（昭和三十九年）を当面の目標として①学会員三百万世帯の達成②大客殿《だいきゃくでん》の建立《こんりゅう》③宗教界の覚醒《かくせい》運動、の三方針を発表した。私は二年間が勝負と思った。二年間というものは、席が温《あたた》まる暇《いとま》がないというよりは、席そのものがないといってもよいほど動いた。動くことでしか、道は開けないと信じたからである。

関西を皮切りに、日本の各地を回り、七月にはアメリカ軍政下の沖縄に飛んだ。活動を始めた学会の軸《じく》となったのは、座談会《ざだんかい》と教学であった。この二つは、創価学会の草創《そうそう》以来の伝統の実践方式である。

若き日に読んだゲーテの言葉に「いつかは目的地に到達《とうたつ》しようなどぐらいの気持《きもち》で歩《あゆ》んでいては不充分です。その一歩一歩が到達地であり、その一歩としての価値があるべきだ」（エッカーマン『ゲーテとの対話 上』神保光太郎訳、角川書店）とあったが、まさにそのような歩みが要請《ようせい》される日々の連続であった。

二年半後の昭和三十七年（一九六二年）十一月に三百五万世帯を達成し、三十九年四月に大客殿《だいきゃくでん》は完成した。全国的な自信に満ちた上げ潮の動きを見て、私は次の手を打ち始めた。若い人材の育成である。後継者の育成をしないときは、かならず行き詰まるという方程式を知っていたからである。

私がいつも魅《み》せられる画家の一人である東山魁夷《かいい》氏が「私は白い紙に向い合う。それは紙ではなくて鏡である。その中には私の心が映《うつ》っている。描くことは、心の映像を定着させようとする作業である」（写真集『東山魁夷の世界』集英社）と語っておられるが、その心境《しんきょう》がうかがえる味わい深い言葉である。青年や少年、少女と対話するときは、まさに純白な生命のキャンバスに向かうようなものであり、それはみずからの心を映《うつ》す鏡である。

次の時代を託《たく》す若者たちと、対話をつづけていった。結成五年をへた学生部の代表に、三十七年の夏から「御義口伝《おんぎくでん》講義」を始めたのも、その一つである。「御義口伝」は、日蓮大聖人の仏法《ぶっぽう》の骨髄《こつずい》が説《と》かれている御書《ごしょ》で、法華経の文々句々《もんもんくく》を大聖人がみずからの立場で講義されたものを弟子《でし》の日興上人《にっこうしょうにん》が筆録したものである。

私は、ひとまず学歴にまつわるいっさいの装《よそお》いを取り去り、なおその奥に光る人間の育成を試みることから始めた。彼らにつねに言うことは、庶民《しょみん》とともに歩《あゆ》む労働者であれ、ということであった。

この講義は、ほぼ毎月一回、五年間つづいた。五年間という歳月《さいげつ》にわたり、ある一定のメンバーに訓練《くんれん》をしえたことは、私のこれまでの人生においてもまれなことである。いま、その学生たちは創価学会の中枢《ちゅうすう》に育っている。

これが軌道《きどう》にのると、さらに次の布石《ふせき》、また次の布石というように、私の目は少年に向けられていった。三十九年六月に高等部、四十年一月に中等部を結成、九月には少年部を発足《ほっそく》させた。なかに鳳雛会《ほうすうかい》、未来会などをつくり、二十世紀の残された四半世紀のために、また来《きた》る二十一世紀をいかに生きるかを語り合った。

わが家にも近所のちっちゃな子が遊びにくることがある。家宅侵入《しんにゅう》をしてくるなり、とっとっと台所の冷蔵庫に直行し、中身《なかみ》の宝物をさらっていく。本部にも、私の幼《おさな》い友だちはやってくる。彼らは、自由に動き、ときには粗相《そそう》もする。親はあわてて子を叱《しか》ろうとするが、私は、叱る親を止める。いいんだ、いいんだ、と。未来からの使者は、伸びのびと自由奔放《ほんぽう》に育てたい。ただし、転《ころ》んでも一人で起き上がるのを待つ。他に頼《たよ》らないという自立心を育てたいからだ。

ある日、駐日英国大使と懇談《こんだん》したが、心に残る話を聞いた。大使は、毎日、夜になると、小さなお子さんに、その日あったことを、わかろうがわかるまいが、一つ一つ話すという。子どものなかに、一個の大人の人格を認《みと》めることから生まれてくるこの父子対話は、いろいろなことを考えさせてくれるようだ。

教育事業

「東洋哲学研究所」は、東洋の学術・思想・哲学を中心として広くアジアの文化の研究を目的とする研究機関である。これは昭和三十七年（一九六二年）一月に「東洋学術研究所」として設置。四十年十二月に財団法人「東洋哲学研究所」の認可《にんか》を得《え》、講演会や研究会を行《おこな》い、研究誌『東洋学術研究』などを発刊し、着実な活動をつづけている。

三十七年一月に創価学会を母体にして誕生した「公明政治連盟」を創価学会から分離し、一歩前進させるために、三十九年十一月、公明党の結成大会が行《おこな》われた。私は党の創始者であるが、党の独自性を尊重《そんちょう》して、大会には出席せず、祝電を打った。一日も早く責任ある公党として独り立ちし、虐《しいた》げられた庶民《しょみん》の永久の味方として進んでもらうことのみを念願していたからである。

率直《そっちょく》にいって庶民《しょみん》から奪《うば》い去られた政治を、民衆一人一人の手の中に取り戻してほしいという気持ちから、この新しい党は誕生した。事実、それらの輿望《よぼう》を担《にな》って、あるいは埋《う》もれていたかもしれない庶民大衆のエネルギーを、政治地図のなかに確たる位置を占めるよう顕現《けんげん》させたその功《こう》は大きいといえよう。四十五年、言論問題を契機《けいき》にして政教分離《せいきょうぶんり》をさらに明確にし、公明党は開かれた国民の政党として、今日結党十年をへたわけである。どこまでも党利党略を超克《ちょうこく》して国民の側に立って忍耐《にんたい》強く歩《あゆ》みつづけていくことを期待したい。

新しい民衆音楽運動を起こすべく三十八年十月に音楽文化団体として創立した「民音《みんおん》」(民主音楽協会)も、四十年には財団法人として認可《にんか》された。諸外国との文化交流の一翼《いちよく》も担《にな》い、その発展には著《いちじる》しいものがあるようである。*1

四十三年春、創価学園が創設。東京・小平市の武蔵野《むさしの》の面影《おもかげ》を残す林のなかに建《た》てられた創価中学・高校（男子校）に第一期生がはいってきた。姉妹校である創価女子中学・高校は、五年遅れて四十八年春、大阪の交野市《かたのし》に開校。いま、創価小学校、幼稚園《ようちえん》も具体化を図っている。*2

東京・八王子の武蔵野《むさしの》の緑の丘陵《きゅうりょう》に創価大学が開学したのは、昭和四十六年春である。この四月には大学院も設置される予定である。*3 私は、大学の創立者として三つの「建学の精神」を掲げた。①人間教育の最高学府たれ②新しき大文化建設の揺籃《ようらん》たれ③人類の平和を守るフォートレス（要塞《ようさい》）たれ、である。大学や学園の創設にあたって、私は環境《かんきょう》を重要視した。自然と人間の融合《ゆうごう》をどう図《はか》っていくかが、教育の一つの重要な条件であると思うからである。

幸《さいわ》い、関係者の尽力《じんりょく》もあって、関西校はかつて万葉の舞台《ぶたい》となった四季の花咲《さ》く交野《かたの》の野にあり、東京校も小鳥遊ぶ静かな林とせせらぎにも恵《めぐ》まれている。大学は、広大な武蔵野《むさしの》の丘陵《きゅうりょう》に、山あり、森あり、池ありで、空気も澄《す》み、最高の教育環境《かんきょう》といえるのではなかろうか。

戦前、創価学会は創価教育学会といい、教育活動から始まった。初代牧口常《つね》三郎《さぶろう》会長は、時代を画《かく》す創価教育学説を打ち立てられた教育者であり、その独《どく》創的《そうてき》な教育論は、軍部権力に抗《こう》して獄中《ごくちゅう》に逝《ゆ》いて三十年たったいま、心ある識者の注目を浴《あ》び始めている。二代戸田会長も教育に従事《じゅうじ》していた。

教育は、未来を形成していく生命線である。未来を凝視《ぎょうし》するならば、一致《いっち》して力《ちから》を注《そそ》がざるをえないのが教育である。私もやはり教育に力を注ぐ軌跡《きせき》をたどった。

一つの大学を形成するためにはたいへんな時間がかかる。創価大学は、いま、歴史と伝統の第一歩を踏《ふ》み出《だ》したばかりである。ただ言えることは、学生も、教授も、職員も、創立者も心を一つにして、新しい理想の大学をつくろうと努力していることである。

昨年(昭和四十九年)九月、私はモスクワ大学の招待により訪ソしたが、創価大学とのあいだに学術交流を推進することで議定をみた。そのさい、私が真っ先に言ったことは「創価大学はモスクワ大学と比べれば孫のような存在であるかもしれない。しかし二十一世紀をめざし、人材輩出《はいしゅつ》のための人間教育を行《おこな》っていく情熱においては、決して劣《おと》らないと自負している」ということだった。モスクワ大学の方々《かたがた》、ソ連の高等・中等専門教育相らは一致《いっち》して「未来のための交流に期待する」と言われた。中国の北京《ペキン》大学、ペルーのサンマルコス大学、香港《ホンコン》の中文《ちゅうぶん》大学、アメリカのシカゴ大学など、各大学とも交流の一歩を進めつつある。[*4]

教育に時代の英知を結集してこそ、二十一世紀の展望は青少年の手によって開かれていこう。私も教育を最後の事業にしたい。終生《しゅうせい》、教育の興隆《こうりゅう》に全力をあげる決心でいる。

＊1　平成二十七年（二〇一五年）末、音楽、舞踏等による国際交流は世界百五カ国・地域に広がる。
＊2　創価学園の歩みは、106頁の＊5・6を参照。なお、関西創価小学校も昭和五十七年（一

九八二年）に開校。創価幼稚園は国内のみならず、香港、シンガポール、マレーシア、ブラジル、韓国で開園している。

＊３　昭和五十年（一九七五年）に大学院開設。同六十年に創価女子短期大学も同じ八王子に開設。さらに平成十三年（二〇〇一年）、カリフォルニア州オレンジ郡にアメリカ創価大学（ＳＵＡ）が創設された。

＊４　平成二十七年（二〇一五年）末、四十九カ国・地域、百七十一大学と交流協定。

小説『人間革命』

サンゴ礁《しょう》の海は、紺青《こんじょう》に光る。暖《あたた》かい日ざしが降り注《そそ》ぎ、南国の島には太陽が輝《かがや》いていた。昭和三十九年（一九六四年）十二月一日から三日間、私は会員の激励のため沖縄の地にいた。二年半ぶりであり、四度目の訪問である。二日の朝、沖縄の会館の二階の窓から、原色の真っ赤な花を眺《なが》めていた。快晴《かいせい》の空、澄《す》んだ空気。東南アジアを思わせるような神秘性を漂《ただよ》わせている沖縄の自然の色が、私は好きだ。

と、戸外で「窓を開けて……」と叫ぶ声がする。手を振る会員の姿《すがた》が見えた。そのとき「拘置所《こうちしょ》を思わせるなあ……」と私が見つかってしまったことを苦笑しながら独白したと、同行の記者の一人が何かに記《しる》している。いつも会員たちの衆人環視《しゅうじんかんし》のなかにあることを〝拘置所〟と表現したのであろうが、じつはこのときは、別の意味もあった。

それは、この日、私は、小説『人間革命』の執筆《しっぴつ》を始め、一枚目の原稿用紙にペンを走らせたからである。本文の出だしは「戦争ほど、残酷《ざんこく》なものはない。……」、昭和二十年七月、恩師が豊多摩《とよたま》刑務所（後の中野刑務所）から出獄《しゅつごく》されたときのシーンがつづく。この〝豊多摩刑務所〟という語と〝拘置所《こうちしょ》〟という語が、私の頭のどこかで結びついていたにちがいない。いや、より正確にいうならば、執筆開始の直前まで、恩師の出獄は巣鴨《すがも》の東京拘置所という通説を信じていたので、〝拘置所〟というイメージが重なっていたのかもしれない。

とにかく、この冒頭《ぼうとう》をいかにするかには、心を砕《くだ》いた。考えあぐねた末、戸田城聖会長の運命というものは、その生涯《しょうがい》をたどっていくと、根本のところで新しい日本社会の動向に大いなる影響をもたらすであろう——ゆえに、その人間関係は日本社会の運命を背景としたときに鮮《あざ》やかになることを知った。というわけで、その最大の転機となった出獄《しゅつごく》を敗戦近い日本の運命を舞台《ぶたい》にしながら書き出したわけである。

私は、いよいよ執筆《しっぴつ》を開始しようとしたとき、いずこの地で一枚目を書こうかと考えていた。そして、最も日本列島のなかで、悲惨《ひさん》と苦汁《くじゅう》をなめた沖縄の地でしたためたいと思ったのである。そして「昭和三十九年十二月二日より書き始む」はてしなき道に踏《ふ》みこんだのであった。

この書の主題は、一人の人間における偉大なる人間革命は、やがて一国の宿《しゅく》命《めい》の転換《てんかん》をも成《な》し遂《と》げ、さらに全人類の宿命の転換をも可能にする、ということである。後世の歴史の審判をあおぐ、証拠の書として、私は、つたないながらも書きつづっていきたい。二十世紀のこのときに、庶民《しょみん》による平和と文化のドラマが、壮絶にうまずたゆまず繰り広げられていった真実の軌跡《きせき》。その平和運動は一人一人の名もない民衆の、人間変革の集積によって進んだ事実。それらを人間尊貴《そんき》の証明のためにも克明《こくめい》に残しておきたい。遺言《ゆいごん》にも似た気持ちで、私は筆を進めた。

恩師の七回忌法要《ほうよう》（昭和三十九年四月）の席上、執筆《しっぴつ》の決意を披瀝《ひれき》。その年の暮れの十二月十四日、十三回分の原稿を手渡し、「聖教新聞」に四十年元日号から連載を開始した。以来、八巻まで、原稿用紙にして約三千八百枚書いてきた。粗野《そや》な文で、胸が痛む。ただ日々、戦いの連続のなかで、夢中《むちゅう》に書いた。

愛用していたモンブランの万年筆もペン先が太くなっていった。体をこわし、万年筆の重さもこたえる日がつづき、やむなく資料をもとにテープに吹き込んだときもある。慣《な》れない録音作業のため、汗を流し熱を出しながらやっとの思いで吹き込んだところ、まったく音がはいっていないこともあった。人にすすめられ、軽い鉛筆で書くといいということも覚えた。

なんとか懸命《けんめい》につづってきた小説『人間革命』も、一昨年（昭和四十八年）は映画化もされ、反響《はんきょう》を呼んだようである。原作者として、シナリオを担当してくださった橋本忍《しのぶ》氏と懇談《こんだん》する機会があるが、いろいろ教えられることが多い。氏は「七人の侍《さむらい》」は八カ月、「日本沈没《ちんぼつ》」は一カ月半でシナリオを書き上げたが、「人間革命」は一年六カ月費《つい》やした、と全精魂《ぜんせいこん》を注《そそ》いでくださったようだ。

そして、原作とシナリオの関係について、氏が師匠《ししょう》の言葉を交《まじ》えて語られたことがある。

「原作とは牧場の囲《かこ》いの中に放《はな》してある牛のようなもので、シナリオ・ライターはその牛を毎日、牧場に行っては眺《なが》めている。そしてある日、囲いの中にはいって、一刀のもとに牛を殺し、その血をバケツに入れて持ってくる。原作とシナリオとはそんなものである。シナリオ・ライターは、ツボを見抜いてどう殺すかだ」

その時、師は言われた。「だが、橋本、一生の中で一度はそのツボをどうしても斬《き》れず心中《しんじゅう》するような原作に当たるぞ……」と——。

これは、小説『人間革命』に挑《いど》む私にも、そっくりそのまま当てはまる。私にとって〝原作〟とは、現実の刻々と動く歴史の舞台《ぶたい》であり、私は一人のライターとして、その〝原作〟といわば〝心中《しんじゅう》〟しようとしているのかもしれない。

正本堂

昨年暮れ（昭和四十九年十二月）、北京《ペキン》を訪れたさい、中日友好協会の林麗韞《りんれいうん》理事と再会した。林さんは「関西文化祭の映画を拝見《はいけん》しましたよ。若者たちの目がとてもきれいですね」と感想を言われていた。

これは昭和四十一年（一九六六年）九月、兵庫県・西宮《にしのみや》の甲子園球場で開かれた雨中の「関西文化祭」のことである。断続的に降る雨のなか、出場した若人《わこうど》たちが泥まみれになりながらも、女子のダンスに、男子のマスゲームにと団結の美を繰り広げた敢闘《かんとう》精神は、数万の観衆の胸を打った。

当日は、台風の余波で、降ったりやんだりの雨模様に、決行するかしないか、判断に苦しむ状況であった。多くの人びとの意見を聞き、断《だん》を下《くだ》したのは私である。雨のなか、泥のなか、危険も考え、大いに心配であった。しかし、この日をめざして、仕事の余暇《よか》を見つけては練習をつづけてきた関西各地の数万の若人《わこうど》たちの熱情と息吹《いぶき》を、感ぜざるをえなかったのである。

創価学会の運動に関心を寄せ、レンズの鋭《するど》い目をとおしてその姿《すがた》を見てこられた写真家の三木淳《じゅん》氏も、この日撮《と》った一カットを「私の推《お》すこの一葉《いちよう》の写真」として推薦されていた。その感動を「私は両眼から涙がわき出るのを禁ずることができなかった。新生日本の若人《わこうど》たちの真摯《しんし》な姿は、私の心を激しく揺るがせた」と記《しる》されている。たしかに、この雨のなかの関西文化祭におけるひたぶるな青春の情熱は、創価学会にみなぎる生命のしぶきであった。新生中国の建設に心を砕《くだ》く林《りん》さんらの心を打ったのも、このひたむきな姿勢《しせい》とエネルギーであったにちがいない。

四十五年には、いわゆる言論問題が起きた。じつは、その前年の暮れ、かなり強行スケジュールの旅をし、無理をしたこともあり、私は四十度を超える熱を出し、従来の結核《けっかく》と肺炎《はいえん》が結びついたかたちで、体力を衰滅《すいめつ》させてしまっていた。その以前から、なるべく創価学会の運営面については、副会長制を敷《し》いていっさいを任《まか》せ、私は、執筆《しっぴつ》活動などに打ち込みたいと念願していた。四十五年一月、この件を総務会にはかり、副会長制が実施されることになったわけである。

私が一歩引いたときに、きわめて予想外のところから事件が起きていた。それが言論問題である。

私は、事の真相が初めわからなかった。よくよくその本源を追求していったときに、これは創価学会の体質にかかわることであることを知った。そのことについては、四十年ごろから考え始めていて、なんとかしなくてはいけないと思っていたところであった。それが、意外なところから噴出《ふんしゅつ》したわけである。四十五年の四月ぐらいまで、まったく熱が下がることはなかった。しかし、これは私が解決しなくてはいけないと思った。私は五月三日の第三十三回本部総会の席上、創価学会と公明党の政教分離《せいきょうぶんり》の徹底、量より質への転換を示す数々の指針《ししん》を示した。これが契機《けいき》となって、創価学会は、強固な創価学会より強靱《きょうじん》な創価学会へ変転していったことは、まぎれもない事実である。

四十七年十月、八百万余の人びとの熱誠《ねっせい》によって富士の麓《ふもと》に正本堂《しょうほんどう》が生まれた。日の光がほほえみ、そよ風は老杉の巨木を駆《か》け抜け、澄《す》みきった青空に舞う。はるか南には駿河《するが》の海が金波《きんぱ》、銀波《ぎんぱ》を躍《おど》らせ、東には富士が白雲を従えてそびえ立つ。西の山々は悠々《ゆうゆう》と峰《みね》を連《つら》ね、北には太古の文化を秘めた千居《せんご》の原が広がる。

この宗教建築は、庶民《しょみん》から生まれた庶民の施設《しせつ》である。宗教的権威《けんい》を象徴《しょうちょう》するのではなく、人類の恒久平和と世界文化の健全な進歩《しんぽ》・発展を、民衆が主体者となって祈願《きがん》する場である。工事にかかってから四年、建立《こんりゅう》計画を発表してから八年余の歳月《さいげつ》を経て、正本堂《しょうほんどう》はその姿《すがた》を見せた。

昭和三十九年春に、恩師の遺訓《いくん》に基づいて、この建立《こんりゅう》構想を発表し、正本堂《しょうほんどう》建設委員会が発足《ほっそく》。私は、その委員長として推進を図《はか》った。設計は卓越した建築家・横山公男氏が担当し、施工は六社によるジョイント・ベンチャー方式によった。この建立資金には、四日間で三百五十億円を超える貴い浄財《じょうざい》が八百万余の人びとから寄せられたのである。私はこの人びとの真心に応えるためにも、一円のお金もむだにすることはないように、建設委員長として力《ちから》のかぎりを尽くした。

正本堂《しょうほんどう》完成の日、日本の各地はもとより、遠く海外五十カ国から約三千人のメンバーの友人たちが集まってきた。人種、民族、風俗・習慣の差を乗り越えて、友情の輪は広がっていく。いよいよこれからは海外である——私の胸中の焦点《しょうてん》の光は、世界の同志へと向けられていった。

海外への旅

私が初めて海外の地を訪《たず》ねたのは、昭和三十五年（一九六〇年）の秋であった。早いもので、いまからもう十五年前のことである。海外旅行が現在ほど便利になっておらず、外貨の持ち出しもたいへんなころであった。ちょうどその年の五月に会長に就任《しゅうにん》、五カ月後の十月二日、アメリカなど九都市への旅に出発した。

主な目的は、仏法《ぶっぽう》がようやく少人数とはいえ世界へと広がりを見せ、海外メンバーが各地で信仰するようになった折でもあり、その人たちへの激励であった。当時、仕事や留学などで渡航《とこう》する人がいると、私はかならず応援に行ってあげる旨《むね》を約して励ましていたものである。それと、時代の流れというのは〝世界〟というグローバルな視座《しざ》に立っての思考と行動をいよいよ要請《ようせい》することになろうと、私自身ひそかに痛感していたことによる。ともかく均一な文化圏の島国・日本を出て、〝世界〟というものを考えてみようと思ったからである。

最初にハワイに着いた。ところが出迎えにきてくれるはずだった青年がきていない。彼は当時は帰化《きか》する前で、留学のため渡米した青年であった。

出迎えていないところをみると、どうやら連絡の手違いらしい。ともかくホテルにと、すでに取り壊しが決まり、半分ほど解体されていた、ある小さなホテルに落ち着いた。翌朝、その青年がホテルをやっと探《さが》し出し、駆《か》けつけてきてくれて、ことなきをえた。旅にそれほど慣《な》れていなかった当時の、いまは懐《なつ》かしい思い出である。

五十年の新春早々から私はアメリカを訪れた。ニューヨークで国連を訪《たず》ねワルトハイム事務総長と会談、ワシントンではキッシンジャー国務長官を表敬訪問し会談したほか、議会図書館に一万冊の贈書を行《おこな》い、コロンビア、シカゴの両大学と教育交流に当たった。私はメンバーの諸行事に参加したが、シカゴを十五年ぶりに訪れた。

十五年前、このミシガン湖畔《こはん》の街《まち》に着いたとき、出迎えてくれたメンバーは十六人であった。ケンタッキーやニューオーリンズからやってきた友を含めてである。十五年の歳月《さいげつ》をへて、このシカゴは七千人のメンバーを数えるまでになり、コミュニティー・センター(会館)のオープニングも行《おこな》われた。すべての運動にとって同じであろうが、先駆者《せんくしゃ》たちには想像を超える苦闘《くとう》と呻吟《しんぎん》があるものである。このシカゴで健在の親しき友と再会し、私は深い感慨《かんがい》を禁じえなかった。

三十五年に最初の旅をしてから、私の海外への旅はこれまで二十二回にわたり、訪問国は三十六カ国になった。とくに二回目の旅では、インドへ赴《おもむ》いた。

インドは周知《しゅうち》のとおり仏教発祥《はっしょう》の地であり、仏教が人類の精神に与えた影響は計り知れないものがある。もの悲しい落日を迎えた現代文明の危機《きき》の回避《かいひ》のため、東洋の英知に注視《ちゅうし》の目が集まっているのも、時のしからしむるところであろう。

私たちは釈尊《しゃくそん》が悟達《ごだつ》の時を刻んだブッダガヤを訪《たず》ね、仏教消長《しょうちょう》の歴史に思いを馳《は》せながら法華経の方便品《ほうべんぼん》、寿量品《じゅりょうほん》を誦《じゅ》した。木々のあいだからもれる光に、私は新生の船出を思った。

幾多《いくた》の障害《しょうがい》を超えアジアの各地に及《およ》んだ仏教は、歴史的に文化の興隆《こうりゅう》をもたらしたが、その仏教がいま、三千年の流れのなかで新たな生命力をえて人類の精神に新鮮な蘇生《そせい》の光を与えようとしている。いまでは事実、世界の八十数カ国に仏法《ぶっぽう》信仰の友がいる。*1

仏法は世界宗教としての普遍性《ふへんせい》をはらみつつ、グローバルな平和創出《そうしゅつ》の共通の精神基盤《きばん》をつくりつつ、ナショナリズムの良さを生かし、止揚《しよう》もしつつ、深さと広がりと動きをもって、その国、その地の繁栄《はんえい》のために貢献《こうけん》し始めている。この稿《こう》を書いている夜半にも、人間讃歌《さんか》の〝魂《たましい》の曲〟を歌いつつ活動する多くのメンバーが、地球のどこにもいるにちがいない。

四十九年十月、私は、海外での活動、小説『人間革命』をはじめとする執筆《しっぴつ》、全国各地への激励、学会を訪れる来賓の応対等で多忙《たぼう》なことから、学会の責任役員会の議決と総務会議の了承をへて、三十五年五月から私が務めてきた代表役員の職責を北条浩理事長に代《か》わってもらった。国内のことは私の信頼する北条理事長に統括してもらうことにして、このことを本部幹部会で発表した。私は世界平和をめざす仏法《ぶっぽう》理念の流布《るふ》のために、思う存分、いよいよの活動を期している。

＊1　平成二十年（二〇〇八年）、百九十二カ国・地域に拡大した。

平和の波を

最近は舞台《ぶたい》が世界に広がり、海外に出ることが多い。昭和四十九年（一九七四年）は一月香港《ホンコン》、三・四月北米、中南米、五・六月の中国、そして九月ソ連、十二月は再び中国を訪れた。また五十年一月にはアメリカを訪問した。これまでの旅で、私はとくに教育交流を目的に、ケンブリッジ、オックスフォード、パリ大学をはじめ、南米最古のペルー・サンマルコス、モスクワ、北京《ペキン》、カリフォルニア州立大学バークレー校、ロサンゼルス校、香港の中文《ちゅうぶん》大学などを公式訪問してきた。

私が世界の各大学への訪問を思い立ったのは、歴史の淵《ふち》に立つ現代においいて、いまの世代が後につづく世代に果たしうるものは教育の興隆《こうりゅう》をおいてない、との私なりの信念からである。教育は歴史展開の地下水脈ともいえよう。各大学での会談では、かねがね提唱《ていしょう》してきた仮称「教育国連」や「世界学生会議」「世界大学総長会議」の構想が、時代の要請《ようせい》であることを確認できた。

五十年一月、ワルトハイム国連事務総長と会談したさい、同氏は「世界平和へのガンは?」との私の問いに、即座《そくざ》に「不信感《ふしんかん》」と答えていた。まったく同感であるが、人類の前途《ぜんと》に立ち向かうこの途方《とほう》もなく大きな壁を乗り越える作業は、つきつめれば一個の人間対人間の交流に帰《き》すことは、明白であろう。

この相互交流には政治、経済といった次元での交流も必要だが、それらはともすると利害の論理で動きやすい。そこで文化、教育次元での交流が、より幅広く行《おこな》われてこそ、民衆間の相互理解《そうごりかい》と友好を深めることができるのである。

この信念から私は各国を訪《たず》ね、多くの人びとと語り合い、人生の喜怒哀楽《きどあいらく》のなかに、人間として未来へ生きることの共感を分かち合ってきた。その交歓《こうかん》のなかから、互いに平和へ進む意思をも固め合ったのである。また私の胸中を理解してくれたのであろうか、各国の首脳とも会談する機会をえた。

それらの席上、私は文化、教育交流の重要性を、まず訴えたつもりである。ソ連のコスイギン首相は「平和に関する、また人間のためのよりよき生活を望む理想は、われわれとまったく同じである」と語っていた。周恩来《しゅうおんらい》首相は私の心を射《い》るようなまなざしで「共通の願望へともに努力していこう」と言われ、キッシンジャー米国務長官からは「今後も友人として意見を交換《こうかん》していきたい」とあった。

もとより私は平凡《へいぼん》な一民間人にすぎないし、政治的な行動を意図したものではないが、人間が生き延びるために、平和を求めて行動すること自体、すでに仏法《ぶっぽう》の道にはいっており、そのための人間としての誠意《せいい》ある行動は、仏法者として当然とるべき姿勢《しせい》であろう。宗教とは人間のためにあり、宗教のために人間があるのではない。

私はまた、これまで多くの識者と文明の未来を話し合ってきた。トインビー博士、マルロー氏、故クーデンホーフ＝カレルギー伯、ショーロホフ氏など、それぞれ表現こそちがえ、現代が歴史の転換期であることを見つめての、人間行動の緊要《きんよう》なことを指摘《してき》していた。

ショーロホフ氏は「われわれはみな幸福の鍛冶屋《かじや》である」と言い、運命変革への努力を語った。マルロー氏は新しい人間の理想像を追求していた。クーデンホーフ＝カレルギー伯は、文明の西と東の融合《ゆうごう》・調和を語った。それにしても私の耳元にいまもトインビー博士から聞いたモットーが離れない。それは「さあ！　仕事をつづけよう」である。

五十年一月の終わり、私はグアムで開かれた第一回世界平和会議に臨《のぞ》んだ。会議には世界五十一カ国、地域の代表メンバーが集まった。そこで私は創価学会インタナショナル（SGI）の会長に推《お》された。いまだ、平和への道は遠い。しかし、かすかではあるが、はるかに〝平和連峰《れんぽう》〟の山脈は見え始めている。

あいさつで私は、自分自身が花を咲《さ》かせようというのではなく、全世界に〝妙法という平和の種〟をまいて尊《とうと》い一生を終わりたい、と呼びかけた。これは私のいつわらざる心境《しんきょう》である。

——ともあれ、これからが私の人間革命の履歴書《りれきしょ》と思っている。私は背伸びをしたり、虚栄《きょえい》を張《は》ったりすることなく、ありのままの人間として生きてきた。人さまざまの軌跡《きせき》をもった履歴書があると思うが、私は、私の平凡《へいぼん》にして自分らしい履歴書を、この世で仕上げていく以外にないと思っている。

〈著者略歴〉

池田大作（いけだ・だいさく）

1928年～2023年。東京生まれ。創価学会第三代会長、名誉会長、創価学会インタナショナル（SGI）会長を歴任。創価大学、アメリカ創価大学、創価学園、民主音楽協会、東京富士美術館、東洋哲学研究所、戸田記念国際平和研究所などを創立。世界各国の識者と対話を重ね、平和、文化、教育運動を推進。国連平和賞のほか、モスクワ大学、グラスゴー大学、デンバー大学、北京大学など、世界の大学・学術機関から名誉博士・名誉教授、さらに桂冠詩人・世界民衆詩人の称号、世界桂冠詩人賞、世界平和詩人賞など多数受賞。

著書は『人間革命』（全12巻）、『新・人間革命』（全30巻）など小説のほか、対談集も『二十一世紀への対話』（A・J・トインビー）、『二十世紀の精神の教訓』（M・ゴルバチョフ）、『平和の哲学　寛容の智慧』（A・ワヒド）、『地球対談　輝く女性の世紀へ』（H・ヘンダーソン）など多数。

聖教ワイド文庫―――067

私の履歴書

二〇一六年一月二十六日　発　行
二〇二四年七月　三十　日　第四刷

著　者　池田大作
発行者　小島和哉
発行所　聖教新聞社
〒一六〇-八〇七〇　東京都新宿区信濃町七
電話〇三-三三五三-六一一一（代表）
印刷・製本　大日本印刷株式会社

＊

落丁・乱丁本はお取り替えいたします
© The Soka Gakkai 2020 Printed in Japan
定価はカバーに表示してあります
ISBN978-4-412-01591-3
JASRAC 出 1514227-404

本書の無断複製は著作権法上での例外を除き、禁じられています

聖教ワイド文庫発刊にあたって

一つの世紀を超え、人類は今、新しい世紀の第一歩を踏み出した。これからの百年、いや千年の未来を遠望すれば、今ここに刻まれた一歩のもつ意義は極めて大きい。

戦火に血塗られ、「戦争の世紀」と言われた二十世紀は、多くの教訓を残した。また、物質的な豊かさが人間精神を荒廃に追い込み、あるいは文明の名における環境破壊をはじめ幾多の地球的規模の難問を次々と顕在化させたのも、この二十世紀であった。いずれも人類の存続を脅かす、未曾有の危機的経験であった。言うなれば、そうした歴史の厳しい挑戦を受けて、新しい世紀は第一歩を踏み出したのである。

この新世紀の開幕の本年、人間の機関紙として不断の歩みを続けてきた聖教新聞は創刊五十周年を迎えた。そして、その発展のなかで誕生した聖教文庫は一九七一年(昭和四十六年)四月に第一冊を発行して以来三十年、東洋の英知の結晶である仏教の精神を現代に蘇らせることを主な編集方針として、二百冊を超える良書を世に送り出してきた。

そこで、こうした歴史の節目に当たり、聖教文庫は装いを一新し、聖教ワイド文庫として新出発を期すことになった。今回、新たに発行する聖教ワイド文庫は、従来の文庫本の特性をさらに生かし、より親しみやすく、より読みやすくするために、活字を大きくすることにした。

昨今、情報伝達技術の進歩には、眼を見張るものがある。「IT革命」と称されるように、それはまさに革命的変化で、大量の情報が瞬時に、それも世界同時的に発・受信が可能となった。こうした技術の進歩は、人類相互の知的欲求を満たすうえでも、今後ますます大きな意味をもってくるだろう。しかし同時に、「書物を読む」という人間の精神や人格を高める知的営為の醍醐味には計り知れないものがあり、情報伝達の手段が多様化すればするほど、その需要性は顕著に意識されてくると思われる。

聖教ワイド文庫は、そうした精神の糧となる良書を収録し、人類が直面する困難の真っ只中にあって、正しく、かつ持続的に思索し、「人間主義の世紀」の潮流を拓いていこうとする同時代人へ、勇気と希望の贈り物を提供し続けることを、永遠の事業として取り組んでいきたい。

二〇〇一年十一月

聖教新聞社